Mon histoire,
c'est votre histoire

De la même auteure

Une heure quatorze, L'Éditeur, 2010.

Stéphanie Bataille

Mon histoire, c'est votre histoire

Éditions de L'Observatoire

ISBN : 979-10-329-2095-4
Dépôt légal : 2021, juin

170 *bis*, boulevard du Montparnasse, 75014 Paris

À ma mère et Stanislas
À ma tante et mes oncles.

À toutes les familles endeuillées.

Pour toutes les personnes parties
alors que ce n'était pas leur heure,
en 2020 et 2021.

« Il faut rajouter de la vie aux jours
et non des jours à la vie. »

Professeur Jean Bernard

Préface

de Cynthia Fleury

Dire au revoir, se tenir là, veiller, accompagner, partager avec les médecins, les infirmiers, les aides-soignants ladite « fonction soignante », former avec eux l'alliance thérapeutique autour de celui qui souffre, permettre à ce dernier d'être l'acteur premier et ultime de sa santé et de sa vie… Ce sont là des choses simples, inaliénables tant elles renvoient à des légitimités existentielle, spirituelle, civilisationnelle. Ce sont devenus, le temps historique aidant, des droits, mais encore trop souvent ceux-ci sont contournés, rognés, malmenés parce qu'il y a toujours une (dé)raison, souvent la pire d'entre elles – une absence de moyens et de personnels. On sait le désastre sur les familles qui n'ont pu être présentes et assumer leur rôle jusqu'au bout ; on sait l'impact désenchanteur sur les soignants, leur sentiment de maltraitance et, collectivement, les conséquences sont tout aussi délétères car la réification des patients est une atteinte aux corps de tous.

La décennie qui s'annonce va nous réveiller, nous extraire violemment de notre amnésie générationnelle consistant à croire que l'extinction d'expérience épidémique serait définitive. La mort que la modernité refusait de convier à la fête, s'annonce être un hôte redoutable, que l'on ne désinvite pas aisément. La mort redevient un arbitrage des politiques publiques, une notion articulée à celle du grand nombre, et non plus une affaire strictement privée. Elle ne l'est jamais, bien sûr, mais reconnaissons que le moment de la Covid-19 lui confère une dimension résolument publique. Et le traitement public de la mort est soumis aux mêmes impératifs de dignité, d'humanisme et d'empathie, que ceux relevant de la sphère la plus affective.

C'est là une tâche essentielle, anthropologique et sacrée : celle de faire de la mort l'affaire précieuse des vivants. Marie de Hennezel l'avait parfaitement énoncé dans un titre si beau – *L'Adieu interdit* – qu'il ennoblit le forfait. Emmanuel Hirsch avait dénoncé le « coût éthique » terrible de cette pandémie. Stéphanie Bataille ajoute son pseudonyme, irréductible, à la cause. Car c'est encore tristement une bataille que celle d'affronter l'inhumanité des procédures bureaucratiques, le zèle indu, la bêtise des règles infondées.

Les noms, prénoms et initiales des soignants de l'hôpital de la Pitié-Salpêtrière ont été modifiés.

Pour mon père.

Chaque dimanche de novembre 2020, jusqu'au 6 décembre 2020, je prends l'initiative de te préparer le déjeuner dominical. Un désir immense de vouloir lier surprise et réjouissance.

Je vais chez les commerçants que tu affectionnes de la rue Poncelet et de la rue Bayen. Tous ont un mot délicat pour toi, ils prennent des nouvelles de ta santé, ils me disent t'avoir vu au cours de la semaine.

J'ai envie de te surprendre et de te montrer que je suis fière de ce que tu m'as enseigné et transmis. Et surtout une envie sans limites de te faire plaisir.

Tu es impatient de me voir arriver. Vers midi, je sonne à la porte de mon enfance. Maman m'ouvre ; nous sommes toujours affectées de ne pas pouvoir nous embrasser. Plus d'étreinte depuis début mars 2020 – il nous faut te protéger du coronavirus.

Je pousse délicatement la porte de ton bureau. Toi assis dans ton fauteuil en cuir fauve, tes pieds reposent sur l'ottoman, tu lis souvent, annotes toujours, recopies des citations qui seront des sujets de conversation au moment du déjeuner ou des jours à venir.

Tu lèves tes yeux, la mine réjouie, ton sourire charmeur.

« Ah bonjour Stéph, heureux de te voir, je me ravis à l'avance de ce que tu as apporté », t'exclames-tu en me détaillant du regard.

Tu remarques tout. « Elles sont neuves tes chaussures, mais est-ce normal qu'il n'y ait pas de lacets ? », « Ton manteau est d'une élégance rare » ou « Tu as l'air moins fatigué que la semaine dernière ».

Puis ta gourmandise prend le dessus. Tu m'accompagnes à la cuisine. Maman a dressé le couvert. Tu t'assois au bout de la table en chêne. Tu scrutes les paniers en osier, en tentant de deviner ce que peut bien cacher chaque paquet. Pendant que je prépare le repas, tu me regardes avec une grande complicité. Jamais tu ne t'immisces dans la préparation. Tu respectes ma façon de faire. Tu as appris à Stanislas – ton fils, mon frère – et moi, dès notre prime enfance, à cuisiner. Scandant : « On est ce qu'on mange ! » et « Je préfère donner de l'argent chez le poissonnier ou chez le boucher que chez le pharmacien ». Tu nous as aiguisé le palais avec des mets incroyables, nous faisant tout goûter, affûtant notre curiosité. Tu détestais les menus enfant au restaurant. Tu aimais dire : « Mes enfants mangent de tout. » Tu es très méticuleux, tu ne supportes pas le désordre. Les casseroles, poêles et ustensiles doivent êtres lavés et rangés avant de passer à table.

En plus de l'art culinaire, tu nous as communiqué ton amour inconditionnel de l'histoire de France, l'histoire de l'art, du théâtre dès nos quatre ou cinq ans. Tu nous emmenais au Louvre une fois par semaine, et Stanislas et moi devions choisir un tableau ou une sculpture. Dans un premier temps, tu nous interrogeais sur notre choix. Puis tu nous narrais la vie de l'artiste à travers son siècle, et tu nous relatais ses inspirations, ses sources mythologiques, religieuses, symboliques ou littéraires. Puis nous « rentrions » dans l'œuvre, tu nous invitais à en découvrir les détails. Nous restions parfois plus d'une heure devant un chef-d'œuvre.

Ensuite, tu nous demandais de nous retourner, et tu nous interrogeais : « Combien de personnages ? La femme au premier plan, que tient-elle dans sa main gauche ? Quel est le nom de l'oiseau que l'enfant pleure ? »

Il n'était pas rare que tu nous demandes de raconter une histoire autour de l'œuvre, de faire parler la scène peinte, de la rendre vivante, de faire dialoguer les personnages et les animaux entre eux. Tu souhaitais, plus que tout, faire fructifier notre imagination, l'aiguiser, l'exalter.

Si Paris n'avait aucun mystère pour toi – tu en connaissais les moindres recoins, les théâtres, les églises, les musées, les portes cochères, les parcs, les jardins, les vieux bistrots, les artisans –, tu nous as aussi fait découvrir la France pendant les week-ends et les vacances scolaires, quand tu ne tournais pas des films ou quand tu n'étais pas en tournée théâtrale. Dès lors que tu pouvais t'absenter de tes obligations de directeur du Théâtre de Boulogne-Billancourt (TBB) et du Studio des Champs-Élysées, ou quand tu avais terminé la création d'un spectacle avec ta Compagnie Le Point du Jour, nous partions à la découverte de ce monde qui s'offrait à nous.

Tu n'aimais pas le mot « vacances » : « N'êtes-vous pas vacants, les enfants ? Eh bien, je vous confirme que si, vous êtes libres. Les congés sont faits pour apprendre, comprendre le pays dans lequel vous vivez et partager des moments magiques en famille. »

Tu voulais utiliser ces temps de pause pour nous faire découvrir les régions. Nous étions si fiers de partir à l'aventure : les châteaux de la Loire, l'Alsace, les volcans d'Auvergne, les gorges du Verdon, la Corse, la Bretagne, la Grèce, l'Italie, l'Espagne, l'Angleterre.

Rien n'était jamais programmé. Tu prenais la route à la recherche d'un ailleurs. Tu ne savais jamais où nous allions nous arrêter. Il nous est arrivé de dormir tous les quatre dans la voiture ou dans des lieux atypiques : chez l'habitant, dans des châteaux, dans des champs à la belle étoile.

Il n'était pas rare non plus que tu retrouves des amis d'enfance au détour de villes et de villages – Fayence, Camaret-sur-Mer, Cluny, Ajaccio –, ou de la famille en Alsace, à Colmar, Strasbourg, Ottrott, Riquewihr.

Tu étais fasciné et émerveillé par la nature : les arbres, les fleurs, les animaux. Nos promenades resteront en nous pour toujours, comme tout le reste. Tu connaissais le nom de tous les arbres. Tu les respectais comme des êtres humains et tu exigeais que nous en fassions de même : « On n'abat pas les arbres, les enfants ! » Tu étais toujours triste et ivre de rage lorsqu'un propriétaire avait fait tronçonner un arbre sous prétexte qu'il lui bouchait la vue.

Tu avais aussi pris l'habitude de ramasser les feuilles lors de nos promenades afin de nous confectionner un herbier et, lors de déjeuners ou de dîners, tu nous montrais une feuille et nous devions la reconnaître : liquidambar, chêne, châtaignier, orme, peuplier, hêtre, acacia, tilleul, noyer, cognassier cerisier, pommier, poirier, noisetier, conifères, cyprès, if, séquoia, cèdre, mélèze.

Tu nous as également appris à identifier les oiseaux. Souvent, lorsque nous étions en voiture, tu ralentissais ou freinais et pointais le ciel ou un arbre : « Regardez les enfants, un milan, un aigle, un faucon, ici une bergeronnette, une mésange, une pie, un martin-pêcheur, une bécasse ! »

Souvent, je répète, autant pour moi que pour ceux qui m'entourent, une de tes expressions favorites : « Voir est un art. »

Tu nous as aimés.

Tu nous as transmis, appris, enseigné la vie, la tolérance, le partage, le respect, l'honnêteté. Mais aussi, et surtout, l'importance fondamentale de la famille, de l'amitié. Tu disais : « Faire l'amitié. » L'amitié se cultive comme un jardin, s'arrose ; il faut en prendre soin avec délicatesse et grande écoute. Ce n'est pas pour rien que l'on parle aux fleurs.

Tu dénonçais l'incommunicabilité ; les gens ne se regardent plus, ne savent plus écouter. Tu passais du temps, sans jamais le compter, avec tes frères et sœur, tes amis, mais aussi avec des inconnus à qui tu prodiguais tes conseils.

Comme moi, tu avais une aversion pour cette formule automatique, inconvenante, déplacée : « Bonjour, ça va ? » « "Ça va" n'est pas un prénom que je sache. On en a oublié le sens. Cette expression remonte à la fin du Moyen Âge : comment ça va à la selle ? La qualité des selles étant un signe de bonne ou de mauvaise santé. »

Les gens ne se rendent plus compte de ce qu'ils disent ; ils se moquent éperdument de la réponse, capables de vous dire « Bonjour, ça va ? », alors que vous êtes en larmes, en deuil, malade, au chômage, à terre.

Toi, tu amorçais toujours la conversation par : « Moi je vais bien, toi raconte-moi. » Une oreille attentive pour tous. Alors nous prenions le temps de parler de nos joies, nos peines, nos déboires au travail, nos projets que tu voulais toujours voir se réaliser. Tu citais souvent Albert Camus : « En vérité le chemin importe peu, la volonté d'arriver suffit à tout » ; c'était un élixir. La volonté, oui, mais aussi l'effort. Tu avais une antipathie féroce pour la procrastination : « Il faut offrir sans attendre, tout ce qui n'est pas donné est perdu. » Rien ne te peinait plus que ça. Tu répétais souvent : « Si une personne tombe devant vous ou si elle a faim ou elle souffre, vous ne pouvez pas passer votre chemin en disant : "On verra plus tard", car ce sera trop tard ! »

Avant tout, tu souhaitais de la joie, synonyme d'union, de fraternité, de partage à chaque instant. Pas de cette joie équivalente d'éclate, de ricanement, d'individualisme.

Tes conseils font ce que nous sommes aujourd'hui.

Malgré cette joie constante que tu diffusais autour de toi, tu as eu des crises de goutte dès tes trente ans. Elles te faisaient souffrir, mais tu ne le montrais jamais. Tu domptais ta douleur : « Il y a bien pire que moi. » Tu évoquais l'histoire pour relativiser les maux qui t'assaillaient : la guerre de 1914-1918, la souffrance des soldats, les familles endeuillées, ou la Seconde Guerre mondiale – la déportation, la folie de l'homme, la Résistance. Mais maman, Stanislas et moi savions combien tu étais éprouvé. Quand la crise te prenait au gros orteil, tu avais des difficultés pour te chausser mais tu enfilais tout de même tes souliers. Quand la crise était au niveau du coude, tu conduisais le bras en l'air ou le reposais plié sur le sommet de ton crâne. Tu ne te lamentais jamais. Tu te faisais toi-même ta posologie : Colchimax ou Colchicine à haute dose avec du Zyloric. Tu as fait des infarctus, et tu t'es toujours remis.

Tu étais dans le dépassement de toi permanent.

Tu prônais la recherche et la science, et tu étais passionné par le corps humain. Tu louais le système de santé français. Tu insistais sur la chance que nous avions de vivre en France. La gratuité des soins. La prise en charge des patients.

Tu aspirais à ce que nous connaissions le nom de chaque os, le nom de chaque organe et leur fonction. C'était pour toi les rudiments que de connaître notre « véhicule », un respect que nous devions à notre corps. Pour parfaire cette connaissance, tu avais accroché dans nos chambres d'enfant des affiches scolaires de l'édition Rossignol que nous avions chinées aux puces de Saint-Ouen : le squelette humain et les principaux organes vus de face et de dos.

Tu aurais tant aimé que je sois chirurgienne, mais je voulais marcher sur tes pas. Stanislas a choisi d'être fleuriste – une autre façon d'être relié à toi.

Ce qui était remarquable, c'est que tu n'étais dupe de rien. Alors que tu avais une grande confiance dans le corps médical, tu nous mentionnais cette phrase : « Vous entendrez toujours dire par le chirurgien, si le patient ne ressort pas vivant d'une intervention : "L'opération s'est bien passée, c'est le patient qui ne l'a pas supportée." »

Tu faisais le bonheur de ton chirurgien, le professeur Michel, malheureusement décédé, du docteur Catherine Lacroix, du docteur Corbière, du docteur Kanga, des infirmières, de tout le personnel soignant.

Tu ne te plaignais jamais, même si tu reconnaissais parfois des manquements, l'absence d'écoute, d'égards, qui se faisaient ressentir depuis plusieurs années. Tu t'attristais aussi que durant tes séjours à l'hôpital, les infirmières ne soient pas les mêmes d'un jour à l'autre. Et puis la laideur de l'hôpital t'affligeait : « Ce n'est tout de même pas compliqué de mettre de la beauté ! » Tu étais frappé par les plateaux-repas si mauvais, quand on connaît l'importance d'une bonne alimentation – si capitale pour toi – pour le moral et la santé.

Depuis 2019, tu as une fuite de la valve mitrale. Tu attends depuis plus d'un an ton opération, déprogrammée à cause du premier confinement de mars 2020.

L'intervention tant attendue est fixée au mardi 10 novembre 2020. Tu te réjouis. Tu comptes les jours. Tu es convoqué le 9 novembre 2020 : batterie d'examens, analyses. Tous les voyants sont au vert. L'anesthésiste est même venue te voir. Mais au moment de t'installer dans ta chambre, le docteur P.C. te demande de retourner chez toi, en raison du plan d'urgence Covid en unité cardiaque.

Contrarié, tu retournes à la maison. Tu t'étais tant préparé psychologiquement.

Quelques jours plus tard, tu reçois une nouvelle convocation pour le dimanche 13 décembre 2020 à 14 h 30. La veille, tu m'appelles pour décommander le repas dominical, car nous n'aurons pas le temps de déjeuner convenablement, mais nous reprendrons ce rituel à ton retour.

Comme à l'accoutumée, maman t'accompagne à la Pitié-Salpêtrière en début d'après-midi. De nouveau, tu passes toutes les étapes. Admission. Examens. Test Covid. Tu prends alors possession de ta chambre en unité cardiologie et tu passes des appels à tes frères, à ta sœur, tes cousins, tes filleuls, tes amis et tes enfants.

Je suis ton dernier coup de fil du soir. Nous restons une demi-heure au téléphone. Tu t'inquiètes de la prolongation de la fermeture des théâtres, des restaurants, des musées. Tu te préoccupes du devenir de la planète et de l'humanité. Tu comprends la nécessité de faire des captations de pièces de théâtre pour ne pas couper le lien avec le public. Pour toi, l'indispensable est de créer, et tu cites l'un de tes maîtres à penser, Albert Camus : « Créer, c'est vivre deux fois » ; et d'ajouter : « Alors oui, créez, bon sang ! »

Tu es joyeux. Demain, c'est le grand jour. Tu t'impatientes d'être opéré afin de mieux respirer, de ne plus avoir à prendre du Lasilix, diurétique qui t'abîme les reins. Tu rêves de pouvoir à nouveau arpenter Paris à pied, visiter des musées, retourner au théâtre, au cinéma, au restaurant quand ils seront rouverts, aller chez ton frère Bruno, à Cherbourg,

Le chirurgien t'a averti que tu seras opéré à 7 h 30. Tu aimes la perspective d'être le premier car les équipes seront reposées, fraîches. Tu n'as pas manqué d'anticiper ma question, que je n'ai donc pas le temps de poser :

« Ne me demandez pas quand est-ce que je sors, ni à quelle heure. Je ne sais pas. Bien malin celui qui sait. Est-ce que les familles des navigateurs demandent quand est-ce qu'ils rentreront ? Non ! Eh bien voilà, moi je suis comme un navigateur. Je suis en pleine mer, elle peut être calme, agitée, le vent peut me faire dériver. Je peux casser mon mât à cause d'une tempête. C'est mon Vendée Globe à moi, appelé aussi l'Everest des mers ! Cette métaphore me plaît beaucoup ! Alors *merci* de ne pas me questionner sur le jour et l'heure de ma sortie. »

J'ai été fracassée par cette comparaison. J'encaissai.

Avant de raccrocher, tu tentes de me donner de l'espoir sur ton retour :

« Pour Noël, rien, pas de cadeau ; à quatre-vingt-un ans, on a besoin de rien. C'est bien entendu ? Pas de "on va lui faire plaisir : une écharpe, un chandail, un gilet". Non, je ne veux rien ! J'ai tout ce qu'il faut et c'est déjà trop. Mon unique souhait est de partager un bon repas ; ton frère se charge de trouver une belle oie, à Rungis – j'en rêve. Je ferai une purée de marrons. Plateau de fromages et salade de fruits. Être à la maison avec vous : ta mère, ton frère et Amélie, et mes petites filles, Clara et Anna, et toi, autour d'un bon feu de cheminée. Hum, effectivement, nous serons sept ; le nombre imposé est de six personnes, mais sept symboliquement est un bien meilleur chiffre. Nous serons prudents comme nous l'avons été depuis mars dernier. Je t'embrasse très fort Stéph. À demain. »

Le lundi 14 décembre 2020, à 9 heures, tu m'appelles pour m'annoncer que ton heure de passage est décalée à 14 heures, car trop d'urgences avant toi.

L'implantation d'un dispositif MitraClip n'est pas une opération à cœur ouvert, c'est une intervention percutanée par cathéter. Tu admets très bien qu'il y a plus urgent que toi. À l'aube, le personnel soignant est venu dans ta chambre pour t'annoncer que tes analyses étaient bonnes et que ta PCR est négative.

À 18 h 30, maman appelle le poste des infirmières, soucieuse d'avoir des nouvelles de l'intervention. Nous étions confiants, mais nous retenions tout de même notre souffle. On nous annonce que l'opération s'est bien passée, tu es en salle de réveil. C'est le soulagement. À 20 heures, ils t'installent dans une nouvelle chambre en unité de soins intensifs de cardiologie ; la 218.

Les visites sont possibles dès le lendemain. Les matinées sont consacrées aux soins, mais les proches peuvent venir l'après-midi, entre 14 et 18 heures.

À partir du mardi 15 décembre, nous mettons en place un planning. Généralement, Stanislas te rend visite à partir de 14 heures. Il t'apporte quotidiennement ton déjeuner. Puis maman prend la relève de 15 heures à 16 h 30, et je termine la journée et m'occupe de ton dîner.

Tu es alors si heureux de ton opération, et tu es peu fatigué de ton anesthésie. Tu souffres tout de même silencieusement de la sonde urinaire qu'ils t'ont posée, mais tu refuses les antalgiques : « Les médicaments, ça va comme ça ; le corps doit lutter. » Tu es un roc. Le téléphone n'arrête pas de sonner : la famille, tes amis.

Ton appétit est certain, tu souris à la vue des plats préparés avec tendresse et délicatesse. Nous ne laissons rien au hasard. Nous présentons tes mets préférés sur une jolie assiette, apportons couverts et serviette en tissu.

Comme à ton habitude, tu t'inquiètes de ceux qui t'entourent. Tu te préoccupes de savoir si nous n'avons pas oublié les infirmières. Nous te rassurons : nous leur apportons chaque jour différentes attentions – des quiches, des gâteaux, des fleurs ou des chocolats.

Le mercredi 16 décembre, tu restes toute la journée au fauteuil. Tu te languis de sortir. Je m'aperçois alors que la seule chaîne de télévision disponible gratuitement à l'hôpital est BFM TV. Je suis estomaquée : il me semble que ce n'est pas opportun d'avoir des informations anxiogènes toute la journée, mais tu refuses que je prenne un abonnement car ta date de sortie est prévue pour le 23 décembre.

Tu préfères lire, tu as pris avec toi *Les Mots* de Jean-Paul Sartre. Tu affectionnes la radio, voyageant davantage avec la parole qu'avec des images en boucle.

Le mercredi 17 décembre, comme toujours, tu m'appelles vers 16 heures. Ce jour-là, tu me demandes de t'apporter de la pommade Rosat, car tu as les lèvres gercées, et de l'eau pétillante aussi froide que possible, car tu as une très grande soif.

Je te retrouve en fin de journée. Tu montres des signes de déshydratation. Tu bois quasiment la totalité de la bouteille en deux minutes et te passes du baume sur les lèvres.

Je constate à travers le drap que tes jambes tremblent. Tu me dis que tu as des courbatures. Tous ces symptômes m'inquiètent, m'interpellent, mais je ne laisse rien paraître pour ne pas t'inquiéter. Je prétexte alors un coup de fil urgent à passer à l'extérieur pour ne pas t'importuner. En réalité, je veux parler à une infirmière ou à un médecin. Au poste infirmerie, trois aides-soignantes sont agglutinées devant un ordinateur. Je n'ose pas les déranger. Quelques secondes plus tard, une infirmière sort de la chambre 216. Je lui relate tes symptômes. « Ce n'est rien. C'est très certainement un reste de l'anesthésie », me répond-elle.

Je ne suis pas sereine, mais je m'obstine à rester confiante : tu es à la Pitié-Salpêtrière, hôpital réputé, il n'est pas concevable que tu attrapes le coronavirus ici.

De retour dans ta chambre. Tu as encore très soif. Tu aimerais que je vienne demain avec plusieurs bouteilles de Salvetat. Tu t'inquiètes de ton allure, tu veux te voir. Tu désires un miroir. Il n'y en a ni dans mon sac ni dans ta chambre. Je te propose de te prendre en photo avec mon téléphone ; l'idée te plaît. Avant de faire le cliché, je me lave les mains et te propose de te recoiffer. « Si ça te fait plaisir, Stéph. » Je prends ton peigne en corne dans ta trousse de toilette. Cela fait si longtemps que je ne me suis pas approchée si près de toi.

Je prends deux photos. Tu les regardes attentivement : « Hum, pas mal, mais un peu maigre au niveau de la clavicule, ce n'est pas très heureux ces salières. Peux-tu recadrer pour qu'il n'y ait que le visage ? »

Ce jour-là, je dépasse la limite de l'autorisation des visites. Je sens qu'il faut que je reste. Soudain, un vacarme terrifiant dans le couloir : c'est l'homme qui distribue les plateaux-repas. Il ouvre la porte brutalement, sans frapper. Son masque sous le menton. Il parle très fort : « Allez monsieur Draber ! Debout jeune homme, c'est l'heure, il faut manger ! » Il pose ton plateau violemment sur la table de chevet roulante, prend le broc d'eau et en rapporte un autre, sans jamais se désinfecter les mains.

Nous sommes tous les deux assommés par ses paroles. Je suis interdite devant de tels agissements, tant de négligences : masque mal positionné, mains pas désinfectées, une manière de s'exprimer insupportable. Je le raccompagne dans le couloir en lui demandant de parler calmement, et de faire attention à son masque. Il me rétorque : « Le masque, c'est de la connerie, j'ai pas peur du Covid ! »

Je prends une grande respiration et retourne te voir. Je te réconforte, tu as été chahuté. C'est accablant. Bien évidemment tu ne touches pas au repas ; nous réservons uniquement le yogourt dans lequel je mets un peu de compote de pommes faite par maman. Au moment où une infirmière vient te faire tes soins, je m'éclipse le cœur gros.

En sortant, je joins maman et Stanislas pour leur faire part de ton état et de la désinvolture de l'homme aux plateaux. Ils ne montrent aucune inquiétude sur tes symptômes ; en revanche, ils sont outrés du comportement de cet homme.

Le 18 décembre, maman et Stanislas m'appellent pour m'alerter. Tu tousses. Maman met ta toux sur le compte que tu es resté trop longtemps assis dans ton fauteuil, que tu as dû certainement prendre froid. Je suis assommée par ce nouveau symptôme.

En fin d'après-midi, quand je viens te retrouver, je constate que tu tousses curieusement par saccades de trois coups. Ta toux vient des bronches, elle te fait mal. À nouveau, j'interroge une infirmière : « Mais madame, il n'y a aucun problème ! » Nous discutons tous les deux pendant une heure. Je te raconte les répétitions, la préparation de la captation de la pièce qui sera filmée le 28 décembre pour France 2. Tu as un petit mot bienveillant pour chacun des comédiens. Tu abordes Noël, qui est pile dans une semaine. Tu penses à ton retour à la maison.

Même si tu es soulagé, car tu respires beaucoup mieux, tu es anxieux. Tu ne comprends pas pourquoi tu as des courbatures, pourquoi tu as si soif, pourquoi tu as des maux de tête.

Je cache l'angoisse qui m'envahit.

C'est impensable que tu aies attrapé le coronavirus !

Le 19 décembre, à midi, Stanislas m'envoie un texto pour m'informer que l'hôpital a appelé maman. Il faut qu'elle vienne de toute urgence. Tu aurais fait un AVC !

Je laisse en plan ce que j'étais en train de faire. En un rien de temps, j'arrive à l'hôpital ; j'y retrouve maman.

Ta chambre est vide. Tu as été transporté en radiologie.

Personne n'est capable de nous donner des nouvelles : les infirmières ne sont pas au courant, le médecin de garde est en réunion. L'attente est ingérable. Nous sommes dans le sas qui se trouve devant ta chambre. Maman est muette, assise sur une chaise face à la fenêtre, son regard dans le vide.

L'anxiété est palpable. Je ne tiens plus en place. Je fais les cent pas dans le service. Je m'arrête devant la chambre 216, à deux portes de la tienne. Attirée par des panneaux plastifiés. Je n'en crois pas mes yeux. Début du cauchemar.

Il est écrit : « Interdiction d'entrer – COVID. »

Comment est-il concevable de laisser un patient en cardiologie atteint du coronavirus ? Je reste clouée sur place devant ces inscriptions. Mes jambes ont dû mal à me soutenir, mon cœur s'emballe, ma gorge se noue, mes mains sont moites.

Je commence à me faire un scénario noir, aggravé par la présence d'une infirmière qui va de chambre en chambre, sans aucune protection. Je ne peux pas révéler à maman ce que je viens de découvrir ; il est impensable de la fragiliser davantage. J'espère qu'elle ne le verra pas.

L'attente est inhumaine. Nous sommes livrées à nous-mêmes. Au bout de trois heures, un médecin vient à ma rencontre. Une femme de trente-cinq ans environ, la mine décomposée, elle a des difficultés à soutenir mon regard, touche ses lunettes de sa main droite pour se donner une posture, la main gauche enfoncée dans la poche de sa blouse.

Elle parle à voix basse, mais elle n'y va pas par quatre chemins. Elle ne sait pas de quoi tu souffres, n'ayant pas les résultats de l'IRM ni du scanner, mais s'adresse à moi avec un aplomb déconcertant et une psychologie déficiente :

« C'est très grave ce qu'a votre père, on ne pense pas qu'il s'en sorte !

— Mais qu'est-ce qu'il a ? Comment est-ce possible de pouvoir entrevoir la fin ? Alors que vous ne savez pas ce qu'il a ? Qu'il se sorte de quoi ? Pouvez-vous m'en dire davantage et m'éclairer ? »

Dans quel monde sommes-nous ?

Depuis quand annonce-t-on des nouvelles d'une si grande gravité sans s'appuyer sur des résultats d'examen, de plus debout dans un couloir ?

Quelle est cette médecine à l'œil nu ? Elle repose sur quoi ?

Maman nous rejoint, je lui relate l'absurdité de la discussion. Elle est atomisée.

Tu nous reviens à 16 heures, allongé sur ton lit médicalisé. Un médecin, docteur A., un homme d'une trentaine d'années, très sûr de lui, avec une absence totale de compassion :

« Vous êtes de la famille ?

— Oui, je suis sa femme.

— Oui, je suis sa fille.

— Il n'a pas fait d'AVC, son cerveau va donc bien, mais il y a un problème, sûrement une bactérie. Est-ce que votre mari, votre père, vous a parlé de l'intubation ?

— L'intubation ? Pourquoi ? »

Est-ce que les gens, à table, en famille, parlent d'intubation ? Est-ce réellement un sujet de conversation entre la poire et le fromage : « Chéri, intubation ou pas intubation » ? Intérieurement, ce sont les montagnes russes. Oui, tu avais raison, on est en pleine mer, papa. Quelle violence ! Je sors la balise de danger.

Tu serais alors en détresse respiratoire, mais le docteur A. n'en parle pas ; il évoquait une bactérie il y a deux secondes et, tout d'un coup, sortant de nulle part : intubation.

Nous nous regardons avec maman, effarées, et d'une même et unique voix :

« Non, nous n'en avons jamais parlé, mais il faut tout faire pour le sauver !

— Oui, oui ! Mais son état est très préoccupant !

— Docteur, pouvez-vous nous dire ce qu'il a ?

— Je ne sais pas, on ne sait pas ! Les poumons, les reins, le foie, les intestins, le cœur. »

J'avais l'impression d'être dans ma chambre d'enfant quand tu nous faisais réciter les organes à l'aide des cartes d'anatomie.

Ces doutes, ces tâtonnements, ces hésitations sont incompréhensibles et si peu rassurants. Une caricature des docteurs Diafoirus père et fils dans *Le Malade imaginaire* de Molière, et du docteur Knock de Jules Romains ! Quelques minutes plus tard, ton chirurgien, le docteur P.C., apparaît penché, le teint gris. J'ai du mal également à trouver son regard. Serait-ce une nouvelle façon d'appréhender les familles ? Un nouvel enseignement de la médecine ?

Ils ne rassurent plus, ils cèdent à la panique, ils préparent au pire, avec une absence totale d'empathie. Ils sont habités par la gêne, le doute, mais également par l'arrogance.

Les yeux sont le miroir de l'âme. N'en ont-ils pas ? Le docteur P.C. fixe ses chaussures, tel un enfant qui aurait fait une grosse bêtise. Il laisse planer un long silence, puis, telle une révélation : « Peut-être que c'est le MitraClip qu'il ne supporte pas. Trop d'irrigation d'un coup, mais là on ne peut pas lui retirer. »

Je me mords la langue jusqu'au sang. Cette hypothèse manquait à la longue liste des possibilités. En un temps record, nous avons eu droit à toutes les suppositions : AVC, problème pulmonaire, reins abîmés, bactérie, cœur, foie, rejet du MitraClip.

Mais aucun n'est à même de nous dire concrètement ce que tu as. Nous sommes censées être en face de personnes compétentes, des professionnels de la santé, des spécialistes. Ils sont supposés prendre soin des patients.

Rien. Nous sommes entourées de fatalistes qui tâtonnent, qui naviguent dans le brouillard. Sans regard, sans affect, des animaux à sang froid.

Je me rends à ton chevet ; une infirmière est présente, je lui demande si tu as de la fièvre.

« Je vais voir. »

Au bout de quelques secondes :

« Non, il a 35 ! »

Elle est sur le point de quitter ta chambre. Tes 35 de température ne la préoccupent pas. Je la supplie de faire en sorte de te réchauffer. Je lui quémande une couverture et des gants en plastique que je remplis d'eau chaude et les pose sous la paume de tes mains.

Le docteur A. vient t'installer un masque à oxygène. En une heure, tu reprends tes esprits ; force est de constater que tu ne supportes pas ce masque : tu le relèves sur ton front ou tu le baisses au niveau de ton menton. Tu es très inconfortable.

Tu cherches à me faire comprendre ton état, ton ressenti. Tes débuts de phrase sont parfaits, puis tu t'emballes, parlant dans un jargon incompréhensible. Tu t'agaces que je ne te décode pas.

Je te parle tout doucement, pour te calmer et te rassurer. Toi qui étais autonome. Toi qui parlais tout à fait normalement. Toi qui avais un humour désopilant. Toi qui étais poète. En vingt-quatre heures, nous avons un autre homme en face de nous. Où es-tu ?

Je réclame au docteur P.C. que te soit faite une nouvelle PCR. Il est indigné que je puisse demander cela. Je l'aurais injurié, le résultat aurait été le même. Il campe sur sa position :

« Un test négatif le 13 décembre ne peut pas être positif le 19 décembre. De toute façon, il n'est pas envisageable d'effectuer des tests tout le temps ! »

Sa réponse m'a vrillée.

Nous te quittons à 19 heures. Maman veut rentrer par ses propres moyens, marcher et être toute seule. Je regagne, moi aussi, mon domicile à pied.

Entre deux crises de larmes, j'appelle des amis médecins afin d'avoir leur avis sur ta confusion. Les commentaires sont divers et variés. Pour les uns, c'est dû aux effets secondaires de l'anesthésie ; pour les autres, c'est tout à fait normal que tu sois déboussolé, c'est dû à un changement d'univers, une perte de tes repères.

Au fond de moi, une petite voix m'alerte ; il y a urgence.

Mais je suis démunie.

Les 20, 21 et 22 décembre, maman appelle comme tous les matins le poste des infirmières vers 8 heures afin de savoir comment s'est passée ta nuit. Toujours la même rengaine : « Les nouvelles sont plutôt rassurantes. Ni plus ni moins. »

Comme tous les jours, nous allons te voir. Ton état est stationnaire. Mais ton moral commence à s'assombrir. Tu ne veux plus du tout manger. Tout te dégoûte. Mêmes tes plats préférés, tu nous pries de les remballer.

C'est pour moi un symptôme de plus à rajouter à la longue liste. Tu as de plus en plus soif. Ta confusion est cependant moindre. Tu n'en peux plus du masque à oxygène : tu as le visage comprimé, la partie supérieure cisaille ta ride du lion. La machine est très bruyante. Je te regarde dormir. De temps à autre, tu ouvres un œil pour t'assurer que je ne suis pas partie.

« Oui, je suis là et serai toujours là, ne t'inquiète pas. »

Et tu t'assoupis.

Parfois tu tentes de retirer ton masque, je le repositionne délicatement. Quand tu es à 98 de saturation artérielle en oxygène, je te soulage en remontant ton masque au-dessus de tes arcades sourcilières. Ainsi tu peux t'exprimer aisément. Quand la saturation affiche 90 sur l'écran de contrôle, je te le remets.

J'ai enfin réussi à me procurer les lignes téléphoniques directes des médecins. Non sans une certaine culpabilité, je les appelle. Vais-je les déranger ? Vont-ils pouvoir répondre à mes questions ?

À chaque fois, c'est une épreuve. J'ai besoin de connaître le nom de cette bactérie : existe-t-elle seulement vraiment ?

« Pardon, docteur, de vous déranger si c'est le cas, pouvez-vous me dire où vous en êtes au sujet de la bactérie ?

— On ne sait pas ce que c'est, enfin si elle ne pousse pas ! »

Quelle réponse absurde ! Si elle ne pousse pas : j'en déduis qu'elle ne se propage pas.

Ne pourraient-ils pas faire d'autres investigations ?

Quel est l'avenir ?

C'est insupportable !

Le 23 décembre, l'infirmière nous informe qu'ils t'ont changé de chambre.

Tu es dorénavant dans la 217. Nous demandons des explications sur ce changement. Sans l'ombre d'un malaise, ils nous apprennent que la 218 est une chambre Covid ! Elle est équipée d'un sas, de doubles portes, c'est une chambre « sécure ».

Je comprends alors que tu étais donc installé dans une chambre Covid en unité de soins intensifs de cardiologie du 14 décembre au 23 décembre au matin. Quasiment dix jours dans une chambre, peut-être et même très sûrement infectée. Comment est-ce possible ? C'est criminel.

Sans culpabilité aucune, ils font leur tour de passe-passe, installent le patient de la chambre 216 dans la 218. La 216 où était inscrit « COVID » depuis le 19 décembre !

C'est effrayant. Que se passe-t-il ? Ça tangue ! On prend l'eau, papa !

Il est imposé à tous les citoyens de vivre dans la précaution à outrance. Flash du ministère des Solidarités et de la Santé : « Lavez-vous les mains pendant trente secondes à l'aide de savon ou de gel hydroalcoolique le plus souvent possible, éternuez dans votre coude, tenez vos distances, aérez vos appartements, bureaux... Port du masque obligatoire, plus d'embrassades... Nous vaincrons le coronavirus ensemble. »

C'est une blague absolue !

Nous ne t'avons plus embrassé depuis début mars 2020. Nous avons tout respecté à la lettre.

Dans les théâtres, nous prenions la température de chaque spectateur, gel hydroalcoolique dans le creux de la main de chacun. Distance de sécurité pour rentrer et pour sortir de la salle. Pour le placement, distanciation de deux fauteuils. Nous désinfections sols et poignées de porte.

À l'hôpital, qui doit être le lieu d'hygiène, donc de propreté par excellence, on installe des patients négatifs, des personnes fragiles ayant subi une intervention dans des chambres contaminées, où il est impossible d'ouvrir les fenêtres car elles sont pour la plupart condamnées.

À aucun moment je n'assiste à la désinfection des boutons d'ascenseur, ni même des poignées de porte des chambres. À l'entrée de ce même hôpital, en unité cardiologie, une bombonne de gel, à six mètres de l'entrée, avec comme inscription « *clean box* », et sur les côtés, très peu visible : « Passez vos mains sous le détecteur infrarouge. »

Combien de personnes ne lisent pas le mode d'emploi, pensent que la machine ne fonctionne pas, donc ne se désinfectent pas ?

Il aurait été judicieux de mobiliser des étudiants en médecine à l'hôpital afin d'accueillir au mieux les visiteurs, de prendre leur température, de les guider dans les différents services. En lieu et place, les bureaux d'accueil sont désaffectés. Plus aucune personne n'est présente pour nous guider « physiquement ». Toujours par cette même entrée, on accède aux consultations et aux échographies, un pauvre chariot peint en blanc en guise de présentoir sur lequel trône une bouteille de gel siglée LVMH.

Le 24 décembre, maman attend pendant plus d'une heure dans le couloir devant ta porte, car le personnel soignant te retire ta sonde urinaire et quelques tuyaux. À l'instant où j'arrive pour te rendre visite, les médecins sortent de ta chambre avec un air dubitatif :

« On va quand même lui faire une PCR, mais il y a peu de chances que ce soit ça. »

Il était temps ; huit jours que je constate tes symptômes. En cardiologie, les médecins et infirmières ne sont-ils pas au courant de l'expression clinique et des caractéristiques épidémiologiques du coronavirus ?

Je demande quand nous aurons le résultat. N'aurais-je pas dû poser cette question ? Arrêt sur image, puis :

« Demain c'est Noël, hum hum, après-demain c'est samedi, après-après-demain c'est dimanche, donc lundi au plus tard. »

Il faut donc encore une fois faire les frais du sous-effectif. S'il y avait davantage de postes – médecins, laborantins, infirmières –, il est certain que nous pourrions avoir le résultat plus tôt.

Tu nous as toujours enseigné de ne pas faire de vagues dans le milieu hospitalier : il ne faut pas les brusquer, car ils pourraient en prendre ombrage, ainsi ralentir la bonne marche d'un traitement, ou bien moins bien prendre soin du patient. Ou te passer par-dessus bord ?

Ce 24 décembre, tu es à la fois énervé, désabusé et anxieux. Je n'ai pas le temps d'ôter mon manteau que tu m'interpelles :

« Stéph, écoute-moi bien. Il faut me sortir de là, sinon vous n'aurez que les restes ! »

C'est un uppercut. La sincérité et l'aplomb avec laquelle tu m'assènes cette phrase, qui résonne toujours en moi, me met littéralement K.O.

Tu vois la grande faucheuse arriver à pas de géant ; ta conscience frappe la mienne.

Devant ma mine décomposée, tu rajoutes :

« Je devais sortir hier, nous sommes bien le 24 décembre ; il faut que je sorte. »

Ton inconscient t'alerte. Toi qui es visionnaire, sensitif, clairvoyant, tu as compris avant nous ce qui se passait. En une fraction de seconde, j'essaie d'échafauder ta sortie. Mais je suis rattrapée par la logistique médicale qui est indispensable à ta survie. Je suis écartelée moralement et physiquement.

Comment je peux te laisser là, alors que tu exiges ton évasion ?

Nous voulons aussi t'avoir avec nous.

Je suis désemparée, je fais appel à Stanislas. Il tente de me raisonner, mettant en avant que tu es intransportable, qu'il faut avoir davantage de détails sur ton état de santé et, surtout, qu'il faut attendre le résultat de ta PCR.

Maman est dévastée par l'impuissance qui nous est imposée. Nous sommes pris dans la nasse. C'est un calvaire de t'abandonner. Je vis, et vivrai toujours, par procuration ce que tu ressens.

Quand un prisonnier ne peut pas entrevoir l'espoir de sa libération, il se fout en l'air.

Ce 25 décembre 2020 est le premier Noël de notre vie sans toi. Dans la même ville, sans être ensemble. Absurdité totale, nous qui projetions ta sortie, programmée pour le 23 décembre.

J'organise le déjeuner chez moi. Je fais cuire l'oie ; mais une oie sans toi, ce n'est pas une oie. La joie n'est pas au rendez-vous. C'est la première fois que je veux ardemment que le temps passe à toute allure, pour aller te rejoindre.

Maman fait bonne figure, mais nous sentons qu'elle est ailleurs. Elle garde son masque, elle l'ôte de temps à autre quand elle porte sa fourchette ou son verre à ses lèvres.

À 15 heures, Stanislas et maman se rendent à l'hôpital. À leur arrivée, ils m'informent que tu n'es pas bien. Stanislas t'a apporté un bol d'effiloché d'oie et des cadeaux. Tu les refuses. C'est très révélateur, toi qui es un fin gourmet.

À 16 heures, je prends la relève. Je fais le même constat que mon frère : tu es moins combatif que la veille, mais je me force à garder une lueur d'espoir, confiante que tu te sortes de cet ouragan.

Une infirmière, présente dans ta chambre, finissant de remplir la perf', prend les devants, à la vue de mon inquiétude : « Madame, vous savez, votre père est charmant, c'est un bon patient, on s'en occupe le mieux possible. Aujourd'hui, on lui a changé les antibiotiques et on a remonté l'oxygène. »

Je ne suis que moyennement satisfaite : comment peut-on te donner des antibiotiques alors que personne ne sait ce que tu as ? Une bactérie dont tout le monde ignore le nom car « elle ne pousse pas ». Une PCR en attente de résultat, mais les médecins sont persuadés que tu es négatif. Tu n'es pas un cobaye !

Je me surcontrôle pour ne pas pleurer. Il serait indécent de craquer devant toi. Je m'assieds sur un tabouret afin d'être au plus proche de toi ; je me passe pour la énième fois les mains au gel hydroalcoolique et je glisse ma main droite dans ta main gauche. Tu me la serres très fort.

C'est rassurant cette force que tu as toujours.

Mes souvenirs d'enfant ressurgissent, toutes ces fois où, après mes cauchemars, tu venais me réconforter avec tes mots en me prenant la main. Un incroyable sentiment de sécurité. Rien ne pouvait m'arriver. Tu étais là.

À présent, les rôles sont inversés ; c'est moi qui suis là pour toi.

Le 26 décembre à 7 heures du matin, maman et moi nous confessions : nos nuits sont de plus en plus courtes, nous nous réveillons plusieurs fois. Elle a déjà appelé les infirmières, mais c'était trop tôt. La passation entre l'équipe de nuit et l'équipe de jour était en train de se faire. Toute la matinée, nous attendons le résultat de la PCR. Cette journée est sans fin.

Stanislas vient te voir à 14 h 30. Nous échangeons par texto. Il me dit que tu ne tiens plus en place : tu veux que maman rentre en contact avec le docteur P.C. pour qu'il prenne conscience de ta souffrance d'être là, et qu'il te permette de sortir.

Tu parles beaucoup mieux, tu as une très bonne voix quand on te retire le gros masque à oxygène – c'est un nouveau masque, la taille au-dessus, il te prend quasiment la totalité du visage, à la fois trop gros, trop serré, t'empêchant de parler. L'oxygène est envoyé avec un débit si puissant qu'il t'est impossible de t'exprimer.

Ton cœur ne révèle rien d'inquiétant, ta tension est parfaite, la problématique vient de ton manque d'oxygène ; j'en déduis que le problème se situe dans les poumons.

Tu ne veux toujours pas t'alimenter, sûrement as-tu perdu le goût et l'odorat. Tu as juste envie de boire un Perrier bien froid.

À 15 h 36, Stanislas apprend le résultat de ta PCR : tu es positif.

Les médecins t'en informent. Tu ne le prends pas trop mal.

Nous sommes ravagés. Maman est effondrée.

Sur le champ, je vais t'acheter du Perrier pour te l'apporter. Je suis foudroyée, même s'il est vrai que je m'en doutais. Mais je me refusais à y croire. À mon arrivée, une infirmière me dit que je ne peux pas te voir car Stanislas est déjà venu.

À partir de maintenant, ce sera une visite par jour, me dit-elle. L'étau se resserre ; sans cesse, on grignote nos libertés les plus fondamentales. Jamais je n'aurais pu concevoir une telle interdiction. Tu es un détenu, avec des règles qui s'apparentent au grand banditisme.

Qu'as-tu fait de mal ?

Tu as fait confiance à l'hôpital, tu as cru que tu étais en sécurité.

Il m'est impossible d'obéir à de telles consignes. Invraisemblables, insupportables. Tu as été contaminé ici et on nous interdit de te voir ?

Je parlemente pendant un long moment avec l'infirmière, qui n'est qu'une exécutante, une obéissante, et qui devient de fait complice du système inhumain mis en place.

Je fais prévaloir tes droits et les miens, et surtout qu'humainement ces règles de protection n'ont aucun sens. Elle m'autorise quinze minutes de présence. Je m'habille avec l'équipement complet : surblouse, charlotte, surchaussures, masque FFP2 et gants.

Je me plie aux instructions, même si je trouve invraisemblable de devoir mettre des gants. Il suffit de bien se laver les mains. Ignace Semmelweis, au XIXe siècle, jeune accoucheur hongrois, a imposé le lavage des mains avec une solution d'hypochlorite de calcium à l'Hôpital général de Vienne : le taux de mortalité des patients a chuté, enrayant ainsi la propagation du streptocoque. Nous sommes au XXIe siècle et l'on ne tire toujours aucune leçon du passé, dans n'importe quel domaine !

Le coronavirus nous démontre l'absurdité dans laquelle nous vivons, cette époque de suprématie de l'homme machine au dépriment de l'homme du savoir, de l'homme de cœur.

Tu es surpris de me voir vêtue ainsi. Je te tends la cannette de Perrier, que tu bois en une lampée. Tu me demandes avec des sanglots dans la voix de trouver une solution pour t'aider à t'évader, et si maman a réussi à joindre le docteur P.C. Elle n'a réussi qu'à avoir sa secrétaire, qui devait lui passer le message, car il est en vacances.

Je constate que les rubans adhésifs qui retiennent les aiguilles de tes perfusions n'ont pas été changés. Le sang est séché, coagulé.

À 16 h 14, j'envoie un mail au docteur P.C. pour lui signifier que nous sommes dévastés, que tu as le coronavirus. On aurait pu penser qu'il avait été mis au courant au même moment que nous et qu'il aurait décroché son téléphone pour nous parler, nous soutenir.

Ce n'est qu'en fin de journée qu'il m'appelle :

« C'est le docteur P.C. à l'appareil, je suis vraiment désolé de ce qui arrive à votre père. Il aurait dû sortir le 23 décembre, s'il n'avait pas attrapé le virus. Vous allez rire, quoique ce ne soit pas drôle du tout, pardon. Nous avons eu 12 cas de contamination dans le service de cardiologie. »

Quoi répondre ? C'est déroutant.

Depuis le 17 décembre en fin d'après-midi, tu montres des symptômes bien identifiables, mais ils ne te testent que sept jours plus tard. La charge virale était très importante. Quel temps perdu pour te soigner !

Je lui demande si le personnel soignant est testé et vacciné :

« Ah non, on ne peut pas tester tout le monde ; nous manquons de personnel, et nous n'avons pas de vaccin. »

L'hôpital laisse donc travailler des soignants porteurs du virus alors qu'ils sont proches des patients ; ils posent des perfusions, ils font des soins alors qu'ils sont contagieux. Des bombes humaines.

C'est un désastre. L'hôpital a changé de fonction : on y vient plus pour se faire soigner mais pour y risquer sa vie !

Les 27, 28 et 29 décembre, nous partageons nos droits de visite entre nous trois. Nous sommes suspendus aux comptes rendus de chacun.

Le temps qui nous est octroyé avec toi est de plus en plus restreint. Dix minutes. C'est odieux, inhumain. D'où peuvent venir ces ordres, ces règles sanitaires inappropriées. Le bien-être du patient et de la famille est bafoué. Qui veulent-ils sauver ?

Ces soixante-douze heures ne sont qu'interrogations. Les médecins tentent, essayent de nouveaux traitements.

Le 28 décembre, tu subis une ponction pleurale. Tu es passé de 15 litres d'oxygène à 7 litres. Tu es percé sur tout le corps. Des perfusions à chaque bras.

Le 29 décembre dans la soirée, le docteur E. nous annonce qu'il est préférable de te transférer en unité Covid – une chambre doit se libérer le lendemain. Cette nouvelle nous fait espérer de meilleurs traitements, une prise en charge appropriée à ton état de santé.

Le 30 décembre, dans la matinée, tu es admis en gériatrie Covid dans le pavillon Marguerite-Bottard, au troisième étage, secteur « Bouton d'or », juste en face du pavillon de cardiologie. Maman m'apprend que je pourrais te voir en fin de journée, mais je dois d'abord passer récupérer ton chargeur de téléphone qui a été oublié en unité cardiologie.

À 18 heures, je vais le chercher : il était emballé dans une petite pochette plastique transparente avec ton nom, ta date de naissance et un code-barres. Sans tarder je rejoins le pavillon Marguerite-Bottard, où je constate qu'il n'y a pas de gel hydroalcoolique à l'entrée. À gauche de l'ascenseur, une feuille de papier mal scotchée, toute froissée, sur laquelle il est stipulé : « Visites interdites en unité Covid à compter du 18 octobre. »

Je me présente auprès de la secrétaire : quand elle entend mon nom, elle me propose de m'asseoir et de patienter ; elle prévient le médecin par téléphone de ma présence. Deux jeunes femmes médecins, D. et J, la trentaine, entrent dans le bureau : elles me demandent de m'asseoir alors que je suis déjà assise...

Elles doivent avoir un texte formaté, voire préenregistré, qu'elles récitent par cœur. L'entretien est surréaliste. Je suis pétrifiée. Elles m'annoncent que ton état est très préoccupant, voire gravissime, que tu es dans l'orage cytokinique, ton système immunitaire s'emballe et se retourne contre toi.

Elles t'ont mis sous Optiflow : un système de lunettes à oxygène qui permet un débit élevé, jusqu'à 70 litres par minute.

Malgré tout, elles sont peu rassurantes. Je leur demande de te voir et si nous pouvons t'apporter quelque chose à manger. Leur réponse ne se fait pas attendre :

« Ah non, on ne voit pas les patients ici, les visites sont interdites ; on les voit au dernier moment ! Votre père ne peut rien manger, il risque de faire une fausse route ! »

Qu'est-ce que cela signifie « au dernier moment » ?

Ont-elles déjà prévu que tu allais mourir ? Ont-elles fixé ton jour et ton heure de départ ? Et tu ne vas pas être alimenté ? Elle est intolérable, cette expression – « le dernier moment ». C'est l'escalade de l'horreur. Suis-je en face d'êtres humains ou de robots programmés ?

Ces femmes ont le droit de vie ou de mort sur toi. Tu es séquestré, pris en otage. Je suis anéantie. C'est insupportable.

Il est impossible, impensable, d'infliger cette torture aux patients et aux familles. C'est une triple peine : tu as attrapé le coronavirus à l'hôpital, on te fait patienter plus d'une semaine avant de te tester et tu n'as le droit à aucune visite !

J'essaye de faire valoir le sens de l'humanité : notre besoin vital de te voir, qu'il est interdit de nous séparer de toi. Mais rien n'y fait. Elles campent sur leur position. Je suis face à un mur.

Elles coupent court à mes arguments sensibles. Sans aucune honte, elles enchaînent :

« Quel est le numéro de téléphone de la personne de confiance ? »

Nous sommes dans l'ascension de la fin de l'humanité. Je pense avoir bien compris, mais je veux qu'elles développent.

« Eh bien, la personne que l'on doit joindre au moment du décès. »

C'est stupéfiant. Je suis tétanisée.

Je leur donne les numéros de maman, de Stanislas et le mien. À ce moment-là, je refuse de croire ce que je vis. Aujourd'hui encore, je ne me remets pas de ce que j'ai vécu.

J'insiste pour qu'elles te répètent ce proverbe japonais : « Sept fois à terre, huit fois debout. » Tu nous l'as tellement dit dans nos moments de doute, ou de grande tristesse.

Le docteur K. me remet une feuille de papier A4 photocopiée, pliée en deux ; elle y a surligné en rose les numéros de téléphone suivant : poste de soins infirmiers, bureaux médicaux, ajoutant à la main celui de l'unité Covid, ainsi que le numéro du secrétariat hospitalier. Elles tournent vite les talons pour retourner auprès des malades.

Avant qu'elles s'absentent, je leur remets ton chargeur de téléphone, pour qu'elles le déposent dans ta chambre.

Je repars tel un zombie. Je me demande si c'est bien moi qui ai vécu cette scène.

Je m'effondre dans l'ascenseur. J'ai une envie terrible de hurler, mais je n'en ai pas la force. Dehors, je regarde la façade : tu es derrière l'une de ces fenêtres, au troisième étage, mais laquelle ?

Tu es enfermé dans ce bâtiment comme tant d'autres.

J'ai appelé Stanislas : il n'arrive pas à me comprendre, je hoquette trop pour qu'il puisse distinguer mes mots. À force de patience, il parvient à me calmer un peu. Il n'en revient pas que tu sois kidnappé, puni, humilié.

Il faut trouver une solution pour te voir. Mais tout est verrouillé. Je passe ma soirée à appeler des amis médecins : l'un d'entre eux connaît bien le professeur C., du service où tu es ; il se propose de le joindre.

Mon ami est consterné par ces mesures inappropriées. Il a, en mars 2020, alerté Emmanuel Macron sur ces directives interdisant toute visite aux patients infectés par le virus. Il a tenté de le sensibiliser sur les bienfaits de ces visites pour le moral et la guérison du malade, ainsi que sur le risque de créer des milliers de deuils pathologiques, traumatiques, si on persistait dans cette folie. Le président de la République française a alors répondu : « Oui, reçu. Je m'en occupe. Je vous promets. » Mais rien n'a changé.

Il m'est impossible de dormir, les yeux fixés sur le téléphone, dans l'attente d'une réponse du professeur. Je revis en boucle la conversation avec les deux médecins. C'est intolérable de parler ainsi. L'expression « au dernier moment » m'a poignardée. Tu es entre les mains de monstres. Qui a pu donner de telles directives ?

Comment peut-on à ce point arriver à tant d'inhumanité ?

Je te parle. Je t'envoie à distance de la force. Je m'écroule. Je me relève. Je ne peux admettre que tu ne t'en sortiras pas.

Le 31 décembre au petit matin, mon ami médecin, le docteur D., m'appelle ; j'éprouve une grande joie en voyant s'afficher son nom sur l'écran. Mais l'espoir n'est que trop fugace. Le professeur interdit toutes les visites, elles ne peuvent se faire qu'« au dernier moment » ! Encore une fois, cette terrible et si violente expression. À quoi riment cette volonté d'isolement, de ghettoïsation, ces méthodes tortionnaires ? Ils ne pensent qu'à surprotéger, mais qu'en est-il de l'amour ? Aimer, c'est outrepasser les règles.

L'administration a anéanti le système hospitalier. Elle a dévalorisé la vocation première de la médecine : apporter du soin, guérir, prendre du temps. À force de garrotter le budget de la Santé, on a créé de toutes pièces des êtres « désempathiques[1] », déshumanisés. La médecine n'a jamais eu vocation à être rentable.

1. Selon l'expression de Françoise Sironi, psychologue, maître de conférences en psychologie clinique et pathologique à l'université Paris 8. Elle est l'auteure, entre autres, de *Comment devient-on tortionnaire ? Psychologie des criminels contre l'humanité*, La Découverte, 2017.

Ce dernier jour de l'année est partagé en deux temps. Le matin, je vais porter mains fortes à la mairie du XIVe : nous devons emballer des gâteaux qui seront déposés aux différents centres d'hébergement d'Emmaüs. En début d'après-midi, je vais retrouver Stanislas dans sa boutique de fleurs. Nous nous parlons peu, nos silences suffisent à eux-mêmes ; nous nous scrutons comme deux lionceaux apeurés.

Il nous est indispensable d'être ensemble, afin de recharger nos forces. Je contemple la beauté de ses fleurs : les hellébores ou roses de Noël, les anémones, les renoncules, les violettes. Je me plonge dans le cœur de chacune d'entre elles en t'y associant.

Insoutenable, quarante-huit heures sans te voir. Nous décidons, Stanislas et moi, que nous irons quand même à l'hôpital demain.

Je passe la nuit avec maman, chez vous. Je me suis allongée sur le lit de la chambre que tu occupais depuis le confinement. Une manière à la fois enfantine et animale de me rapprocher de toi.

Je suis au milieu de tes livres, de tes dossiers, du tournebroche du XVIIe siècle que tu as chiné il y quelques années et que tu projetais d'installer. Face au lit, sur la commode provençale, des photos sont encadrées : Stanislas enfant et adolescent ; Bon-Papa et Bonne-Mam, tes parents, nos grands-parents ; toi et maman de vos trente ans à maintenant ; ton frère Charles, parti il y a quarante ans ; ton meilleur ami, Joseph ; ta sœur, tes frères ; moi à un an. Il est doux de se remémorer l'enfance, le temps passé.

À 5 heures du matin, maman est debout. Je la retrouve dans la cuisine. Elle a dormi deux heures. Je ne lui dis pas que j'ai fait une nuit blanche. Par délicatesse, nous ne nous sommes pas souhaité une bonne année. L'une en face de l'autre, légèrement décalées, nous buvons notre thé. J'ai les yeux embués en regardant ta chaise vide.

C'est à 11 h 30 que Stanislas vient me chercher pour aller à la Pitié. À midi, nous voilà au troisième étage, secteur « Bouton d'or » – dans le langage des fleurs, il exprime la joie d'aimer.

Nous sommes plantés au bout d'un long couloir, condamné par une porte coupe-feu avec un digicode et sur laquelle est inscrit : « Défense d'entrer – COVID. » Tu es derrière cette porte. Tu ne sais pas que nous sommes là. Tu es à l'isolement, à fond de cale.

Soudain, une infirmière sort, puis une autre et encore une, c'est une ruche. Elles s'avancent vers nous, très aimables ; nous nous présentons avec une voix chevrotante.

« Nous sommes les enfants de monsieur Draber. »

Elles sont très rassurantes. Tu as bravé l'orage. Nous sommes si fiers de toi.

L'une d'elles, Aurore, nous propose de t'appeler en FaceTime à 16 heures ; elle sera près de toi pour te passer le téléphone. Nous sommes revigorés, les nuages s'estompent, l'avenir devient moins incertain. Nous échangeons beaucoup avec le personnel soignant, des infirmiers se joignent aussi à la conversation. Nous parlons de leurs conditions de travail, ils mettent en avant leur amour de s'occuper des anciens. Leur dévotion est sincère.

Ce premier jour de 2021 est lumière.

À 16 heures pile, nous t'appelons en FaceTime : nous avons la joie de te voir, certes derrière un écran, mais on se résout à penser que c'est mieux que rien, même si ce n'est pas satisfaisant. Tu n'as alors pas terminé ta traversée, mais nous sommes à nouveau connectés.

Tu as beaucoup maigri, ta barbe a poussé, tu es heureux de nous voir et de nous entendre, tu es toujours sous Optiflow. Tu parles sans difficulté et sembles à ton aise. Nous sommes saisis par l'émotion. Tu es telle une apparition. Tu nous avoues te sentir serein et que tu as envie de boire une bière, même deux, avec Stanislas. Tu blagues, tu ris.

Aurore est à tes côtés, elle nous fait des signes avec le pouce en l'air, nous annonce que nous pouvons t'apporter à déjeuner et que nous pourrons aussi te joindre de la même façon demain. Nous t'embrassons très fort à distance, à plusieurs reprises, et toi également.

Quand la liaison est coupée, je reçois un texto sur mon téléphone, d'une autre infirmière, Michelle, rencontrée ce même jour. Elle me remercie du moment d'échange que nous avons eu à midi.

Je dois dire que je n'en reviens pas du contraste de l'humanité débordante des aides-soignantes comparativement aux médecins rencontrés le 30 décembre.

Nous tranquillisons maman sur ton état. Elle se réjouit alors de toutes ces bonnes nouvelles.

Le 2 janvier, à midi, nous sommes au bout du couloir. Sans attendre, Aurore vient à notre rencontre : nous lui confions ton déjeuner ; sur chaque plat nous avons écrit des petits mots d'encouragement et des citations. Elle s'empresse de te l'apporter.

C'est insoutenable de te savoir à quelques pas de nous, avec l'interdiction de te voir.

Il y a de quoi devenir folle. Je me sens manipulée par toutes ces mesures perverses. Il faut avoir un mental d'acier pour ne pas craquer. Nous ne sommes pas loin du supplice. Nous demandons si un médecin est là ; le docteur T. sort au même moment du secteur Covid.

Je la présente à Stanislas, nous la supplions de nous laisser te voir puisque tu vas mieux.

Elle reste sur sa position : pas de visite ici. Elle est surprise que tu sois sorti si rapidement de l'orage ; elle trouve que tu remontes bien la pente, tu as besoin de moins en moins d'oxygène.

Alors pourquoi interdire la visite ? Nous lui proposons de nous habiller avec le même équipement que le personnel soignant ; nous ajoutons que nous sommes même disposés à le payer, si c'est le problème.

C'est non ! Nous sommes face à « l'homme-système » que décrit merveilleusement bien Françoise Sironi dans son ouvrage, *Comment devient-on tortionnaire ?* Ce sont des êtres dénués de culpabilité, car on leur promet l'impunité. Ils obéissent à des ordres, ils jouissent de leur pouvoir de petit chef en vue d'une reconnaissance de leur hiérarchie. Or, personne n'est obligé d'obéir à un ordre inique.

Je dois t'avouer que nous sommes abasourdis par tant d'inhumanité. La visite des malades est primordiale et indispensable.

À 16 heures, nous sommes en direct avec toi. J'ai l'impression que tu es à l'autre bout de la Terre, perdu dans le triangle des Bermudes.

Psychologiquement, c'est dévastant.

Pourtant, tu sembles aller encore mieux que la veille : tu as apprécié ton repas et tu bois du jus de pomme à la bouteille ; ce qui laisse penser que tu as de la force.

Tu te bats férocement. Tu as une telle envie de vivre.

Aurore nous prévient qu'elle sera en repos demain : Épione la remplacera.

Le 3 janvier, nous apportons une galette des rois pour le personnel soignant ; nous faisons la connaissance d'Épione, charmante jeune femme qui t'apprécie beaucoup.

Elle nous fait part du fait que notre absence est très pesante pour toi, que tu voudrais nous voir en vrai. Nous ne demandons que ça. Épione a même insisté auprès des médecins pour qu'ils autorisent la visite afin que nous soyons près de toi. Elle nous promet de nous tenir au courant au plus vite.

Avant de partir, elle nous remet ton petit linge à laver et ton manteau dans un grand sac en plastique siglé « Assistance public AP-HP ». Pourquoi ton manteau ? Tu n'as pas pu le salir, tu ne l'as pas mis en guise de peignoir ! C'est un signe qui me mortifie. Nous préparent-ils déjà à l'impensable ?

Elle nous informe également que ton téléphone est déchargé, que tu n'as pas de chargeur, alors que je l'ai remis en main propre le 30 décembre au docteur K.

C'est consternant. Quel laisser-aller. Quel manque de respect.

Je lui demande si c'est possible de le chercher. Très gentiment, elle va dans le bureau des médecins ; une poignée de secondes après, elle revient avec, me promettant de recharger ton portable tout de suite afin de pouvoir avoir la liaison dans l'après-midi.

À 15 h 55, Michelle m'envoie un message m'expliquant que tu es désormais sevré de l'Optiflow et, surtout, que tu vas bien, terminant le message par « cool ».

À 16 heures, toujours au rendez-vous, tu as fière allure : tu as demandé qu'un infirmier te rase, tu es habillé en tenue de ville – polo et veste polaire kaki.

Tu n'as plus besoin d'oxygène. Tu t'étonnes de ne pas voir maman à l'écran. Elle est très fatiguée, alitée depuis deux jours.

Épione nous a dit qu'en semaine, du lundi au vendredi, tu pourrais nous voir sur une tablette. Ce sont des jeunes du service civique qui s'occupent de prendre les rendez-vous avec les familles : il faut appeler le matin afin de convenir d'un créneau horaire pour l'après-midi même, mais il faut être réactif car il n'y a que deux tablettes dans le service.

Toute la soirée, je suis obsédée par ton manteau. Je n'arrive pas à trouver de raison valable, optimiste, rassurante. Il n'y a aucun doute : tu vas mieux, voire bien. Mais, symboliquement, le fait de nous avoir rendu ton pardessus me déstabilise.

Le 4 janvier, maman est épuisée. Je l'ai sommée d'aller se faire tester. Non sans mal, elle est allée à 7 heures au laboratoire. Personnellement, depuis hier, je ne me sens pas très bien non plus. Je mets cela sur le compte des décharges émotionnelles que j'encaisse depuis presque trois semaines.

À 11 heures, j'appelle les jeunes du service civique afin de prendre le rendez-vous « visio-tablette » : il y a un créneau à 17 heures.

Comme chaque jour, je t'apporte ton déjeuner. Épione et une autre infirmière, Luce, m'accueillent, très tristes et désemparées : les médecins ont refusé que l'on te voit. Je ne peux pas m'empêcher de craquer.

Dès 15 heures, je suis dans la boutique de Stanislas, où je tourne en rond. Impatiente de te voir et de t'entendre, je ne parviens pas à fixer mon attention.

À 17 heures, on m'appelle pour établir la connexion sur Internet. Stanislas se joint à la conversation par visio. Ta peur est palpable à l'écran. Tu nous fais signe de nous rapprocher au plus près. D'un regard aux alentours, tu sembles t'assurer être seul dans ta chambre. Puis froidement, avec détermination, tu nous dis :

« Sortez-moi de là, sinon je vais crever ! »

Cette affirmation est terrible, gravée à vie dans ma mémoire. Comment vivre après avoir entendu cela ?

Ta lucidité te fait dire qu'il y a danger à rester là. Es-tu mal traité ?

J'ai l'impression que mon cœur va se décrocher. J'appelle immédiatement le poste des infirmières : je tombe sur Luce qui me confirme que tu commences le « processus de glissement ». En langage humain : tu te laisses aller, le désespoir t'envahit, tu ne veux plus manger. Elle me demande de t'apporter des vêtements chauds car tu as très froid.

J'apprends par la même occasion que ta chambre est chauffée, mais qu'il fait un froid polaire dans les couloirs ; si glacial que tu le ressens jusque dans ton lit.

Je me précipite pour t'acheter des pantalons en pilou, des vestes en polaire à manches longues et des grosses chaussettes. À mon retour, Stanislas est en ligne avec maman ; elle vient d'avoir le résultat de son test : elle est positive. Instantanément, je perds le goût et l'odorat.

Immédiatement, nous allons nous faire tester, même si je n'ai pas beaucoup de doute me concernant. Le couperet tombe : Stanislas est négatif, je suis positive. C'est la seconde fois que je suis contaminée : la première remonte à février 2020.

À partir du 5 janvier, maman et moi sommes cloîtrées chacune chez soi. Stanislas se charge de nous ravitailler quotidiennement et se rend tous les jours dans ce couloir de la mort pour t'apporter ton repas, que tu refuses de prendre. Tu ne gardes que les mots d'amour manuscrits qui accompagnent chaque plat.

Le 5 janvier, nous recevons un appel du docteur K., nous proposant un centre de rééducation en région parisienne pour toi : « Nous n'avons pas vocation à garder longtemps les patients », dit-elle sans plus d'empathie. Cela signifie que tu vas sortir ; c'est motivant, dopant.

J'occupe ma journée à te trouver un centre à Paris ; j'en réfère à maman. Nous tombons d'accord sur un centre à côté du jardin du Luxembourg. Je ne perds pas une seconde, je joins aussitôt le docteur K. afin de connaître les formalités. Elle m'annonce qu'elle se chargera de tout, elle préviendra l'assistante sociale. Chaque procédure dépend d'une personne différente. Il faut passer de service en service.

Je passe mes journées au téléphone afin de trouver des ruses pour que Stanislas puisse te voir. Rien. Refus. Portes closes.

Il ne nous reste que ce rendez-vous quotidien avec toi, soit à 16 ou 17 heures, pendant lequel nous assistons à ta détresse en direct – sauf le 6 janvier : le système est en panne. C'est insurmontable !

Le 7 janvier, à 14 h 16, j'envoie un message de détresse au docteur P.C. : « Il faut que nous voyions notre père, il nous réclame. Il fait la grève de la faim. Il s'est battu comme un lion, sortant vainqueur de l'orage cytokinique. On ne peut pas laisser les patients dans cette solitude. C'est extrêmement préjudiciable pour leur psychisme. Pouvez-vous nous aider à faire en sorte de lever cette interdiction qui n'a pas lieu d'être ? Je vous remercie de nous aider.

P.S. : Il n'est pas possible de dire que l'on peut voir un patient au moment du dernier souffle. »

À 15 heures, maman appelle de son côté le médecin : elle apprend que tu as fait ta première séance de kiné ; tu tiens debout tout seul, tu t'assieds sur le bord du lit.

À 17 heures, nous te voyons brièvement en visio : tu es si triste et mélancolique.

À 18 heures, le docteur P.C. ne m'a toujours pas répondu. Je lui envoie de nouveau un message.

À 18 h 30, un médecin, T., m'appelle pour m'informer qu'il y a un problème au niveau du réglage de ton défibrillateur.

Enfin, à 19 h 15, le docteur P.C. m'appelle : je l'informe que tu as un souci avec ton défibrillateur. Il n'est pas du tout au courant. Il me promet qu'il va s'en occuper et qu'il se renseigne pour les visites.

Le 8 janvier à 8 heures, le rythmologue est passé : ton défibrillateur a bien été réglé.

À 12 h 25, texto du docteur P.C. : « Bonjour, le défibrillateur a bien été réglé par les rythmologues ; je leur ai proposé de refaire une PCR ce matin, qui lui permettrait de quitter l'unité Covid si elle est négative, ce qui est fort probable. Il n'y a pas de visite en unité Covid. » Il prévoit une sortie en soins de suite en début de semaine.

J'ai dû relire ce message plus de mille fois.

À 17 heures, connexion en visio : je constate que tu es allongé sur ton lit. Je te dis « papa ». Je ne peux continuer ma phrase, tu me réponds « chut chut » ; tu es exténué. Cette situation ne peut pas durer davantage. Elle n'aurait déjà pas dû commencer. Tu es un martyr.

Je tente de joindre les médecins ou les infirmières, mais en vain : les postes sont soit occupés, soit sonnent dans le vide. Je jongle entre les deux numéros. Au bout d'une heure enfin, quelqu'un me répond, un homme ; je veux avoir de tes nouvelles.

Il me répond : « En fait, là, on peut pas vous parler. »

Et il me raccroche au nez ! Je ne perds pas mon sang-froid ; je rappelle, je tombe à nouveau sur lui, exprime mon mécontentement, qu'il est inconcevable de raccrocher à la figure de quelqu'un, et encore moins d'un proche d'un malade.

Il me répond aussitôt : « En fait, là, on est occupé sur le cas de votre père !

— Justement, je me sens concernée, c'est mon père, puis-je savoir ce qui se passe ?

— En fait, il va mal. Problème cardiaque ! »

Je demande à Stanislas d'aller en urgence à l'hôpital et, conjointement, je préviens le docteur P.C. Il n'est pas du tout au courant. Il est resté bloqué sur son message de 12 h 25, persuadé que tout va bien pour toi.

Le docteur T. me prévient que tu es au plus mal. Stanislas obtient le droit de te voir en s'harnachant de la tenue Covid.

Stanislas peut rester avec toi pendant trente minutes. Tu es brisé. Tu penses que nous t'avons abandonné. Les médecins décident de te mettre en unité cardiologie intensive. Ton transfert d'unité a lieu dans la nuit, à 3 h 15 du matin très exactement.

Tu es dans la chambre 216, où j'ai découvert les panneaux Covid.

Le 9 janvier, nous n'avons toujours pas le droit de te visiter ; les médecins restent évasifs sur ton état, tout en affirmant qu'ils contrôlent avec attention ton insuffisance cardiaque.

Nous sommes abasourdis par ce qu'il se passe : tu rencontres des problèmes cardiologiques alors que tu étais rétabli le 15 décembre.

Ils t'ont totalement affaibli, épuisé, désorienté, en te privant de nous voir…

Je les invite à me donner le résultat de ta PCR, qui a dû être faite comme promis par le docteur P.C., la veille. Je sème le trouble comme toujours. Ils vont voir ; pour l'heure, ils n'ont rien reçu.

Il faut garder son sang-froid et ne rien lâcher. Je fais bonne figure au téléphone, mais je suis désarmée face à tant d'à-peu-près, si peu de suivi du patient en général et en particulier. Ils travaillent en flux tendu.

Le 10 janvier, le docteur E. me joint le matin et en début d'après-midi ; elle prend des pincettes, sa gorge est nouée : « Votre père perd en autonomie cardiaque, il n'est pas confortable. » Que dois-je décoder ? Où veut-elle en venir ? N'est-elle pas en mesure de te sauver en tant que médecin spécialisé en cardiologie ?

Branle-bas de combat, je téléphone à un ami professeur en cardiologie, J.N.F, et à une amie neurologue, Catherine L, qui ne peuvent pas me renseigner n'ayant pas ton dossier médical ; mais, pour eux, c'est injurieux et irresponsable que nous ne puissions te voir.

Le docteur E. m'appelle à 16 heures : c'est la troisième fois dans la journée. Affolée, elle lève le véto : autorisation de te voir avec Stanislas.

Je suis partagée entre joie et cataclysme : j'entends mon cœur battre dans mes oreilles, ma bouche s'assèche instantanément ; j'attrape un manteau, mon sac et deux masques FFP2 à la volée.

Je m'habille dans l'ascenseur, je superpose les masques et me badigeonne les mains de gel hydroalcoolique. Au cas où je serais contagieuse, je prends deux fois plus de précautions. Je ne suis pas sortie de chez moi depuis mardi dernier. Je m'engouffre dans un taxi qui était juste en bas de chez moi. Le trajet est interminable ; nous sommes dimanche, la plupart des rues sont fermées, suite à des mesures de la mairie de Paris : « Paris respire », mais pas moi !

Stanislas est déjà sur place à tes côtés. Je suis arrivée à 17 heures. Le docteur E. est devant ta chambre, les yeux cernées. Elle me tend l'attirail, me dit que tu es très nerveux. Tout en nouant la ceinture dans mon dos, je t'aperçois à travers le hublot de la porte. Je suis très surprise : tu es torse nu, tu te contorsionnes afin de te glisser à l'extrémité gauche du lit. Au moment où j'entre, Stanislas sort ; on nous a dit au moins cinq fois : « Une seule personne dans la chambre ! »

Je m'approche doucement. Quelle n'est pas ma stupéfaction ! Tu as les poignets attachés de part et d'autre du lit, ton bras gauche est tuméfié – bleu, un énorme œdème – ; à l'aide de tes pouces et de tes index, tu montes et baisses ton drap par petits mouvements, tu penches ta tête vers la droite et tu me vois ; tu te redresses en t'appuyant sur tes coudes et clairement, mais paniqué, tu t'exclames très distinctement à travers le gros masque à oxygène : « Stéph ! Stéph ! Je baigne dans mon urine ! » Je te regarde droit sans les yeux, je ne peux retenir mes larmes, j'éclate en sanglots : « Papa, je suis là, je vais m'occuper de toi ! »

Il n'y a pas de mots assez puissants pour qualifier ce qu'ils te font subir : honte totale, monstrueux, torture, bourreaux !

Je cherche le pistolet afin de te faire uriner, ne le trouvant pas et étant dans une urgence absolue, j'entrouvre la porte et demande à un infirmier, occupé sur son téléphone portable et qui se trouve juste devant, de m'en apporter un. Quelle n'est pas sa réponse !

« Un instant, on va venir.

— Pardon, mais mon père ne peut pas attendre. »

Excédée par le manque de réactivité, je referme la porte et en découvre un sous ton lavabo. Au moment où je te le présente, je baisse un peu le drap. Tu es complétement nu !

C'est la première fois de ma vie que je te vois ainsi. Toi qui es si pudique, si respectueux, si digne. Depuis quand déshabille-t-on totalement les patients ? Je n'ai jamais vu cela ! Qui peut donner des consignes dans ce sens ? Un tortionnaire.

Tu m'expliques que tu es trempé ; effectivement, ils ont mis un lange matelassé sous toi. Tu marines dans l'urine, du milieu du dos jusqu'aux cuisses.

Mais depuis combien de temps une infirmière n'est pas passée te voir ? Alors que tu es en unité cardiologie, en soins intensifs ! Au minimum trois bonne heures.

Effectivement, tu as de quoi être nerveux !

Le docteur E. fait-elle ses remarques, ses commentaires, ses diagnostics en te regardant à travers le hublot à six mètres de distance ?

A-t-elle peur de s'approcher de toi parce que tu as le coronavirus ?

Comment n'a-t-elle pas vu dans quel état tu étais ?

Je vais chercher de l'aide. Stanislas n'est pas loin : je lui raconte en deux mots l'état pitoyable, inhumain dans lequel tu es. Il n'avait pas remarqué. Nous partons en quête d'infirmières. J'en trouve une, je lui demande d'avoir la gentillesse de venir s'occuper de toi. Elle me rétorque qu'il faut qu'elles soient deux. Je me propose. Elle refuse.

Elle vient au bout de dix bonnes minutes, accompagnée d'une jeune femme, blonde, les cheveux ondulés, traînant des pieds au sens propre et figuré, levant les yeux au ciel car elle doit s'habiller en tenue de protection. Elle est exaspérée de devoir s'occuper de toi car tu as le coronavirus – même si l'on n'en était alors même pas certains, puisque nous n'avions aucune nouvelle de ton dernier test.

Il est insupportable d'être témoin du comportement de ce genre de personne, car elles portent préjudice aux autres qui s'impliquent et qui font leur métier avec dévotion.

Les deux infirmières me prient de sortir – je me demande bien pourquoi. Je t'ai vu nu. Je veux surveiller ce qu'on s'apprête à te faire. J'implore qu'on te fasse une toilette ; je fais couler l'eau pour qu'elle soit à bonne température avant qu'elle ne remplisse la cuvette. De peur qu'elles se vengent sur toi, je supervise à travers le hublot leur travail. J'ai tout de même dû quémander une couverture, afin que tu sois au chaud.

Tu retrouves peu à peu le calme.

J'ai vu l'intolérable, j'ai été témoin de l'inacceptable.

L'hôpital est devenu un lieu totalement déshumanisé, chutant dans l'abîme de l'obscurantisme.

Entretemps, le docteur E. s'est volatilisée. Je m'empresse d'envoyer un texto au docteur P.C., lui signifiant mon indignation la plus totale : la maltraitance que tu subis, nu, mains attachées, baignant dans ton urine. Il ne me répondra jamais. Il est impératif d'agir.

Est-il complice ?

Cet homme à qui tu avais donné ta confiance, en qui tu pensais retrouver de l'espoir, qui t'avait opéré du cœur, qui t'a fait venir ici alors que la Covid était présente.

Je rentre chez moi, absente à moi-même, mais déterminée à comprendre, choquée de t'avoir vu dans une pareille situation, bouleversée que l'on puisse abandonner un patient. Tu étais traité comme une chose.

Ta nudité me hante, elle me renvoie aux tableaux de Jérôme Bosch, d'Egon Schiele ou de Francis Bacon. La désespérance de la condition humaine.

Toi qui respectes tellement l'être, toi qui aimes tant la vie, toi qui t'es battu pour le respect et la dignité, toi qui voulais de la joie à chaque instant.

Comment notre société peut-elle en arriver à ce chaos ?

Une fois n'est pas coutume, depuis ton entrée à l'hôpital et le début de ce cauchemar, ma soirée est consacrée à des appels aux secours à des médecins et à une énergéticienne, Catherine, la mère d'une amie.

Elle travaille sur ton corps une grande partie de la nuit, et me confirme qu'effectivement tes organes sont incandescents, mais elle me jure que tu peux t'en sortir, que ta force est bien là. Elle a tenté de réparer et de panser tes organes vitaux.

À 22 heures, je me hasarde à joindre le docteur E. Elle campe sur sa position, comme une fatalité, les armes à terre :

« Votre papa est plus calme, mais on va commencer à lui administrer de la morphine pour qu'il soit plus confortable.

— Non, docteur, je vous interdis de faire ça ! Non, vous n'en avez pas le droit. »

Tu ne t'appartiens plus. Elle casse les liens qui nous unissent, faisant fi de l'amour qui nous lie.

Tu as donné la vie avec maman, et elle annule froidement, en un rien de temps, la filiation, la famille, l'amour.

Par cet acte barbare, elle nous tue aussi. En a-t-elle seulement conscience ?

Elle laisse place à la biologie, à la technique, elle appuie sur l'interrupteur. Elle est vidée de toute spiritualité, de toute humanité. Elle ne cherche pas à te sauver, mais à t'abattre.

Le 11 janvier à 6 heures, maman est affolée – c'est très troublant car je ne l'ai pas tenue informée de ce qu'il se passait, dans un souci de la préserver. Mais son intuition prend le dessus : il se trame quelque chose. Ses phrases sont courtes et ponctuées de longs silences. J'ai du mal à respirer.

Stanislas n'a pas dormi de la nuit non plus ; nous sommes avec toi sans être à tes côtés.

Il a tenté de joindre les infirmières, mais en vain. À 7 h 40, ne tenant plus, il joint le docteur E., qui lui annonce froidement qu'elle va augmenter les doses de morphine. De quel droit ?

C'est insupportable, inqualifiable, intolérable !

J'envoie des textos au docteur P.C., le suppliant de cesser le carnage. Tu peux t'en sortir, je le sais, encore faut-il qu'ils prennent soin de toi, encore faut-il qu'ils le veuillent bien !

Stanislas se précipite à ton chevet. Je ne peux pas croire à ce que tu vis. L'énergéticienne trouve que tu vas mieux, qu'il ne faut en aucun cas t'administrer de la morphine, c'est criminel.

Stanislas est seul avec toi, te tient la main tout en m'envoyant des messages. Il faut que je vienne tout de suite.

Pendant tout le trajet, nous échangeons :

« Papa dort, il est calme, il est à 76, bras gauche toujours gonflé.

— Est-ce que l'oxygène remonte ?

— Non, 73.

— Il lui faut l'Optiflow !

— Oui, je sais, mais il n'y a personne dans le service ; je suis seul, aucun médecin, je ne peux pas sortir de la chambre, je ne veux pas laisser papa tout seul. Je lui ai mieux remis le masque, il est à 77.

— Il va remonter.

— 78, 79, 80.

— Est-ce que tu lui parles ?

— Oui, je n'arrête pas, ses mains sont fraîches.

— Est-ce qu'il y a un docteur maintenant ?! Il faut le mettre sous Optiflow !

— Le docteur P.C. vient de passer la tête, il dit que c'est de l'acharnement Il va se renseigner pour l'Optiflow et revient vers moi. Je lui ai également dit que ce n'était pas normal que papa soit déshydraté et qu'il n'ait pas une perfusion pour s'alimenter ! Putain, 74 !

— Stan, j'échange en même temps avec mon ami médecin, le docteur D., il m'écrit : "Ils doivent pouvoir le mettre sous Optiflow en cardio, non ? On a des patients qui sont restés des jours à 60 de sat et qui s'en sont bien sortis." Papa est toujours calme ?

— Oui.

— Le docteur P.C. est revenu te voir ?
— Non, il est en réunion ! 70.
— Tu lui remets le masque.
— OUI, 66, c'est urgent Stéphanie, tu viens ?
— Paris est complètement bouchée ! Je ne tiens plus !
— Il ne respire plus !
— Non !!!
— J'appuie comme un fou sur la poche d'oxygène ! Mais rien ! »

Adieu papa !

« Ils le refont partir ?!? »

« Non, plus rien sur l'écran, le docteur P.C. vient de me dire : “Plus rien en fréquence cardiaque” ! Ils enlèvent tout ! C'est très très dur ! »

Papa va au ciel !

« Ce n'est pas possible ! Papa n'est pas parti ?
— Dans notre cœur, ma sœur ! Je vais appeler maman. »

Je suis désintégrée. Encastrée à l'arrière du taxi. Mon corps est d'un seul coup vidé. Un courant glacial me traverse.

Le chauffeur de taxi qui a suivi ton départ, coupe la radio, me présente ses condoléances et me propose de me laisser à l'angle des quais et du boulevard Vincent-Auriol ; j'irai plus vite à pied. Je descends de la voiture, je ne marche pas, je vole, je ne sens plus mes jambes ; mon plexus est plié, ma respiration est saccadée.

Cette entrée en cardiologie est devenue l'unité de la mort. Ascenseur jusqu'au deuxième étage. Comme une automate : je tourne à gauche, puis à droite. Stanislas est devant ta porte, en présence des médecins et des infirmières. Je suis tétanisée. Mon corps se vrille. Je suis pliée en deux de douleur. Je ne peux plus avancer. Figée.

Stanislas prend mon manteau et mon sac, il m'aide à enfiler la tenue ; un médecin me dit : « Vous pouvez le voir, mais ne le touchez pas, et ne restez pas trop longtemps ! » Jusqu'où est-il possible d'aller dans l'immonde ?

Aucune empathie, aucune humanité, aucun respect. Ce sont des monstres. Papa, je suis là ; tu dors pour l'éternité. Ils n'ont même pas pris le soin d'éteindre la lumière, de baisser les volets, ni de te fermer la bouche. Je prie, te demande pardon ; je t'aime pour toujours.

Je te promets que je m'occuperai de maman et de Stanislas. Nous resterons unis, tu peux en être assuré.

Je sors à reculons, à petits pas, je ne peux ni ne veux te quitter.

Une partie de moi s'est échappée avec toi. Ils t'ont tué. Ils ont outrepassé leur pouvoir. L'abolition de la peine de mort, en France, a été votée le 18 septembre 1981 ; aujourd'hui, ils essayent de faire adopter l'euthanasie.

C'est une question de philosophie, d'éthique. Qui peut se permettre de donner l'ordre de mettre fin à la vie ?

Aujourd'hui, les médecins, les blouses blanches, se sont emparés de ce pouvoir, du droit d'attenter à la vie d'autrui. La médecine devient technique et biologique. Le médecin du XXIe siècle est un garagiste, et non un soignant.

Nous sommes face à un renversement de l'ordre ; nous sombrons dans le chaos. Pour moi, Stanislas et maman, c'est comme s'ils t'avaient euthanasié sans consentement d'aucune part…

« Ma position fondamentale, bien connue, est simple et catégorique : le droit à la vie est le premier des droits de tout être humain – c'est le fondement contemporain de l'abolition de la peine de mort – et je ne saurais en aucune manière me départir de ce principe. Tout être humain a droit au respect à sa vie, y compris de la part de l'État, surtout en démocratie » : Robert Badinter, *Audition par la Mission d'évaluation de la loi relative aux droits des malades et à la fin de vie,* Assemblée nationale, 16 septembre 2008.

Nous sommes orphelins de père en ce lundi 11 janvier 2021.

Tu as tiré ta révérence un lundi, jour de relâche au théâtre. Je referme la porte de la chambre 216. Je tiens la poignée de toutes mes forces et te demande de m'envoyer un signe : « Papa, je t'en supplie, fais en sorte que je retrouve le goût et l'odorat. » Dans la seconde qui a suivi, je n'étais plus atteinte d'agueusie ni d'anosmie.

Tu ne fais que confirmer ma foi, et tu me donnes le courage de me battre.

À peine ai-je le temps de me retourner que l'armada de l'administration reprend le dessus : deux infirmières et le docteur P.C. me demandent de retirer immédiatement la tenue et nous informent avec un sang-froid déconcertant :

« Nous allons garder votre père dans cette chambre pendant une heure, ensuite vous ne le reverrez plus. »

Nous sommes stupéfaits, certains d'avoir mal compris. Sans tarder, ils poursuivent le déroulement macabre :

« Les personnes qui ont le coronavirus sont placées nues dans une housse fermée, un *body bag*, et il n'est donc plus possible de les voir. »

Body bag ! Un peu d'anglicisme pour noyer l'immonde. Pensent-ils que ça fait moins mal, plus tendance ?

Ils n'ont plus aucune limite. Ce qui me choque, c'est leur accolade à l'inhumanité ; aucune gêne de leur part, tout leur paraît normal. La violence de leurs propos me chavire, il est inconcevable de se résigner à autant de mépris. L'immoralité est à son paroxysme.

Nous sommes dans l'ère de la barbarie.

Le docteur P.C. me tend une feuille :

« Je vous remets ce papier afin que vous vous rendiez au service de l'état civil. Ils vous remettront un certificat de décès, qui vous sera utile pour les démarches administratives. Voici un plan pour vous y rendre. »

Le pire est toujours à venir. La machine infernale se met en place. Papa, tu es juste derrière cette porte, et il m'assène des paroles techniques, des procédures. Face à nous, des robots, des cœurs secs, des aliens.

Ils réduisent la vie et la mort au néant ; ils considèrent la mort comme une banale normalité, surtout quand ils ont tout mis en œuvre pour ne pas sauver.

Toi qui avais mis toute ta confiance, ton corps entre les mains du docteur P.C., toi qui avais une foi totale et aveugle en l'hôpital, toi pour qui le métier de cardiologue était merveilleux. Toi qui comparais cette profession à « un samaritain du palpitant ».

Abolition de la vertu. Violence absolue.

C'est un tsunami ! À quoi rime ces consignes délirantes ?

Maman apparaît, le visage diaphane, vêtue de son long manteau gris perle, chapeautée d'un feutre. À son bras, un sac de voyage. Elle est telle la sculpture de Jean-Michel Folon, *Quelqu'un*. Elle est aérienne, elle avance doucement vers nous et nous tend la besace. Nous avons immédiatement compris qu'il contenait les vêtements pour ton dernier voyage.

Je lui apprends avec abomination qu'il est interdit de te couvrir. Elle cligne des yeux, déglutit, ôte son chapeau, sans un mot.

Elle est sidérée. Je n'ai qu'une envie : l'étreindre. Les cerbères nous épient, nous scrutent, et ils somment maman d'enfiler la tenue de protection.

Maman est près de toi : mari et femme, cinquante-quatre ans de vie commune. Maman qui s'est occupée de toi toute ta vie, qui a toujours été d'une dévotion exemplaire quand tu étais souffrant, qui pendant tout le confinement, s'est précautionnée contre le virus pour que tu ne l'attrapes pas. Vous ne vous êtes plus revus depuis le 29 décembre 2020. Treize jours de réclusion. Treize jours d'enfer.

Toi qui as veillé, pris soin, préparé : de tes parents, de ton frère, de tes amis, des gardiens de l'immeuble – madame Charlotte et monsieur Maurice. Tu es privé de tout. Ce protocole abject et avilissant interdit de rendre hommage aux défunts. Ni toilette, ni habillement.

Quand tu étais au Conservatoire d'art dramatique, tu consacrais tes week-ends à faire la toilette funéraire à la morgue de Paris, quai de la Rapée. Tu considérais que c'était un devoir.

La mort est le prolongement de la vie : il ne faut en aucun la cacher, la masquer, la souiller. La mort est le problème de ceux qui restent. Il est ô combien indispensable d'honorer nos morts.

Il est essentiel de vêtir nos défunts. Les anthropologues considèrent que les rituels funéraires sont un des fondements de la civilisation. Les premières pratiques funéraires connues datent du Paléolithique inférieur – première partie de la préhistoire, il y a environ trois millions d'années.

Plusieurs études ont observé des rites funéraires dans le règne animal : chez les éléphants, les gorilles, les dauphins. Ils possèdent une conscience à l'égard de la mort de leurs semblables, pouvant les amener à se retrouver pour l'éternité.

Au XXIe siècle, nous nous faisons rançonner, priver de nos droits absolus et fondamentaux – la liberté, les rites funéraires. Je suis épouvantée. C'est la fin de la civilisation, de l'humanité. Tu n'as même pas reçu les derniers sacrements.

Je ne peux pas croire que c'est encore pour une question de propagation du virus. C'est une décision arbitraire, sans aucun fondement. Le respect, la dignité, les rites funéraires sont bafoués au profit de la peur, de l'urgence, donc de la tyrannie. Comme l'écrivait si justement George Orwell : « Le langage politique est destiné à rendre vraisemblables les mensonges, respectables les meurtres, et à donner l'apparence de la solidité à ce qui n'est que du vent. »

Et quand bien même le virus serait transmissible une fois mort, ce dont je doute, il est indéniable que les thanatopracteurs pourraient s'habiller en conséquence et exercer leur métier afin de respecter les défunts.

Le coronavirus met en évidence, encore une fois, la perte d'humanité.

Les hommes et les femmes sont traités comme des choses, des objets, des non-essentiels, des consommateurs – des consommables – à qui on soustrait toute spiritualité, allant jusqu'à nier qu'ils ont travaillé toute leur vie, payé des impôts, qu'ils se sont sacrifiés pour leur enfants et leurs proches.

Cette nouvelle société met l'homme au même niveau qu'un meuble Ikea ou de grande distribution. Au niveau du rien.

Nous n'avons donc pas plus d'égard pour l'être humain que pour un objet ? On s'en déleste, on l'abandonne sur le trottoir en y inscrivant un numéro transmis par la mairie, pour qu'ainsi averti, le service des encombrants se déplace pour un enlèvement immédiat.

Tu as fait de ta vie un chef-d'œuvre. Tu as vécu chaque minute de ton existence avec amour et fougue.

Ils t'ont contaminé, séquestré, mal traité pendant trois semaines, et mis fin à tes jours.

Ils ont outrepassé leur pouvoir. Tu as fait les frais de la gestion calamiteuse de l'hôpital. Preuve en est que tu as attrapé le coronavirus à l'AP-HP, virus devenu la première maladie nosocomiale. Ils n'ont pas cherché à te guérir. Ils ont accepté des diktats contraires au serment d'Hippocrate. Ils t'ont sédaté en toute impunité alors que je les implorais de ne pas le faire.

Ils t'ont pris en otage durant treize jours, en annulant nos libertés fondamentales : liberté de liens, liberté d'aimer, liberté de vivre.

« Le droit fondamental à la vie et l'interdiction absolue de mettre intentionnellement fin à la vie d'un être humain doivent être également respectés dans ces conditions spéciales que constitue la phase terminale d'une vie. Mourir est une des phases de la vie. C'est dire que le droit de mourir dans la dignité correspond au droit à une vie en dignité » : *Recommandation 1418 relative à la protection des droits de l'homme et de la dignité des malades incurables et des mourants*, article 5, Conseil de l'Europe, 31 mai 1999.

Ils sont dans la banalisation du mal.

Maman est hagarde, déboussolée, en panique ; nous lui proposons de rentrer chez vous – à partir d'aujourd'hui : chez elle.

Nous irons la retrouver en fin de journée.

De 12 h 30 à 17 heures, c'est la course contre la montre. Le constat est sévère. Nous sommes dans un tremblement de terre en continu. Notre vie dévale sous nos pieds. Nous ne croyons pas à tout ce qui est arrivé. Jamais nous n'aurions imaginé que tu partirais et, évidemment, encore moins dans ces conditions.

Nous unissons le peu de force qui nous reste pour te témoigner notre amour indéfectible. Nous traversons la Pitié-Salpêtrière, afin de nous rendre à l'état civil. C'est un véritable jeu de l'oie. Après quinze minutes de marche, nous arrivons enfin audit bureau.

Une femme au téléphone nous fait signe de rentrer ; nous nous asseyons. Derrière nous, un homme vautré dans un fauteuil qui a la fonction d'agent de sécurité, le regard fixé sur son téléphone portable.

La scène est surréaliste, en adéquation avec tout ce qu'on a vécu.

Avant de nous remettre un formulaire, elle interroge l'unité cardiologie pour connaître la cause de ton décès. « C'est un Covid. »

Je cherche le genou de mon frère pour le serrer contre ma jambe. Besoin de me sentir moins seule et de confirmer que ce que je vis est bien réel. J'ai subitement envie d'exploser. Je me retiens, la journée va être longue.

La façon dont elle a dit « C'est un Covid ». Quel mépris, quelle insulte à la personne que tu es, quelle irrévérence pour l'humanité.

Nous sommes interdits. Je ne peux m'empêcher de faire un parallèle avec les heures sombres de l'histoire du XXe siècle.

Il suffit d'un rien pour que l'homme bascule dans le mal.

Elle établit trois exemplaires de l'acte de décès.

Papa, c'est écrit noir sur blanc ; quelle douleur incommensurable.

Une dépêche AFP est tombée en fin de matinée, annonçant ton départ.

Nous recevons des messages vocaux et des textos pour nous témoigner de l'amitié, de l'amour, du soutien, ainsi que beaucoup d'incompréhension, car tu as eu de nombreux appels, entre le 15 et le 18 décembre, à la suite de ton opération, et tu te montrais en forme, rassurant, évoquant une sortie imminente.

Notre cousin Louis vient nous épauler dans les différentes démarches, essentiellement auprès des pompes funèbres et pour l'organisation des funérailles.

Il nous conseille le Service catholique des pompes funèbres. Il est rassurant de trouver de l'humanité. La femme qui nous prend en charge, Marie, est d'une bienveillance rare, d'une délicatesse hors norme, d'une écoute attentive et sincère.

Aucun mot déplacé, tout est pensé ; elle n'a aucun abus de langage.

Jamais elle n'a dit : « Comment-allez-vous ? » ou « Bonne journée ». Elle fait en sorte de prendre en considération nos souhaits le mieux possible. Elle coordonne les funérailles à Saint-Roch et ton dernier voyage jusqu'à Auberville.

Nous entrons en contact avec le père Luc Reydel, aumônier des artistes du spectacle à l'église Saint-Roch. Nous avons de longs échanges ensemble, sur ta vie, ta foi, afin que la messe t'honore au mieux. Ton enterrement est le 16 janvier.

Toute la semaine, je dors chez vous. Je ne peux me résoudre à ton absence définitive. C'est l'appartement où vous avez toujours vécu. Maman est perdue. Tu as toujours géré le quotidien de A à Z.

Je prends à bras le corps toutes les démarches : banque, notaires, résiliation de ta ligne de téléphone, pension de réversion, envoi du RIB de maman pour tous les prélèvements…

C'est effrayant, toutes ces démarches administratives. Comment se fait-il qu'il n'y ait pas un regroupement pour soulager les familles endeuillées. Aucun soutien.

Parallèlement, il faut s'occuper de prévenir ta famille, les proches, les amis, et mettre en forme le livret de messe.

Je suis dans le désir absolu d'aller te voir et de te veiller. Je sollicite un ami médecin afin de m'aider à lever le véto. Pour lui, il est absurde de ne pouvoir te veiller. Il intervient auprès de la directrice de la chambre mortuaire. Elle lui oppose une fin de non-recevoir. Il est interdit de faire l'adieu au visage, nous aurons simplement la possibilité de faire déposer dans ton cercueil des mots et des objets.

Comment cette femme peut-elle se plier à de telles règles ? Ne s'interroge-t-elle pas sur ses actes, sur son devenir ?

Je suis ivre de douleur.

Le 16 janvier, avec ta sœur Marie-Christine et ton frère Martin, à 7 heures du matin, nous sommes allés au funérarium de la Pitié.

Accueillis par un homme dans la soixantaine, je lui remets des lettres manuscrites de tes petites-filles, d'amis, de membres de la famille, de Stanislas et de moi, ainsi qu'un de tes nœuds papillon.

Le sordide est poussé jusqu'à l'extrême : il me propose de faire une photo de toi dans la housse, une fois qu'il t'aura remis ces missives. Je ne peux pas accepter. Il n'y a plus aucune décence. Le monde a perdu la raison et sa boussole morale.

Il nous fait patienter dans une salle, à la lumière fluo, avec des fauteuils en Skaï gris, un distributeur de sodas et de chips contre le mur de droite.

À 8 h 15, nous sommes invités à traverser la cour, pour aller dans une autre pièce tout aussi impersonnelle. Des chaises sont alignées contre le mur. Sur un long chariot, un cercueil fermé, une plaque avec ton prénom et ton nom, l'année de ta naissance et celle de ton décès, une étiquette de la police.

Est-ce toi ? Nous ne le saurons jamais. As-tu les mains jointes ? Nous ne saurons jamais. As-tu subi des ablations ? Nous ne le saurons jamais. As-tu été arrosé d'eau de Javel ? Nous ne le saurons jamais.

Le recueillement est très compliqué. Je garde en mémoire pour l'éternité le dernier moment de toi vivant, en ce dimanche 10 janvier, tel un écorché, mes yeux dans les tiens. Ton regard était droit, plein d'amour ; je m'y suis plongée.

Quel supplice tu as dû endurer !

Il règne un silence épais. Il fait extrêmement froid, paraît-il, mais je ne sens plus rien, je suis anesthésiée, tétanisée. Sidérant, ce mystère ! Où es-tu ? Jusqu'au bout ils t'auront confisqué, annulé.

À 9 h 30, le maître de cérémonie est venu ; nous avons prié tous les quatre. Puis tu as été déposé dans le corbillard ; Martin est à tes côtés, pour gagner l'église Saint-Roch. Marie-Christine et moi te suivons en voiture.

Maman et Stanislas sont sur le parvis, entourés de tes frères, de ta famille et de tes amis. Les cloches sonnent 10 heures.

Nous sommes conviés à prendre place dans l'église. Le prêtre nous invite à rentrer avec toi. Nous te suivons : la traversée de la nef est impressionnante, l'église est bondée ; il est émouvant et non surprenant de ressentir l'amour que tu as propagé durant toute ta vie. Bien évidemment, tout le monde est masqué. La peur n'a pas sa place. Ils sont tous venus t'honorer.

Stanislas a fleuri l'église d'anémones de couleur améthyste. Ce sont tes préférées. La symbolique est poignante. La résonnance est saisissante en ce jour. L'anémone signifie « ne m'abandonnez-pas », « je voudrais être près de toi ».

Selon la mythologie grecque, l'anémone naquit des larmes d'Aphrodite quand elle pleurait la mort de son amant Adonis. La nature fait sens, loin des *process* et de la folie de l'homme.

Nous avons disposé sur un chevalet, à droite de l'autel, une grande photo de toi en noir et blanc. Quel flegme, quelle allure, quel regard tu as !

Bruno, ton frère cadet, prend la parole en premier. Son discours est sensible, évoquant vos rapports chaleureux, tes virées à Cherbourg, ta passion pour les antiquaires et les brocantes, toujours à la recherche de l'objet rare.

Stanislas lit « La servante au grand cœur » de Charles Baudelaire ; poème que tu nous récitais depuis notre enfance, toujours avec les yeux humides. Tu l'avais déclamé pour les funérailles de Bon-Papa.

Personnellement, j'ai lu un extrait du *Poète et son ombre* de Paul Éluard – introduction au poème « Dit de la force de l'amour » (1947) :

« Criez "Je t'aime" par dessus toutes les souffrances qui vous sont infligées, contre toute pudeur, contre toute contrainte, contre toute malédiction, contre le dédain des brutes, contre le blâme des moralistes. Criez-le même contre un cœur qui ne s'ouvre pas, contre un regard qui s'égare, contre un sein qui se refuse. Vous ne le regretterez pas, car vous n'avez pas d'autre occasion d'être sincère, tout le bonheur du monde dépend de l'intensité de votre cri qui passera de bouche en bouche à l'infini. Votre cri vous fera grand et il grandira les autres. Il vient de loin, il ira loin, il ne connaît pas de limites. Parlez, les mots d'amour sont des caresses fécondantes. Les autres mots ne sont là que pour la commodité de la vie. Aimer, c'est l'unique raison de vivre. Et la raison de la raison, la raison du bonheur. »

C'est un texte que tu adorais, combien de fois nous l'as-tu dit ? Il coulait dans tes veines, il irriguait ton cœur. Tu nous as fait grandir grâce à la poésie.

C'est Jean-Sébastien Bach qui nous a accompagné durant toute la messe.

Nous n'avons pu bénir le cercueil, car il était impossible de passer le goupillon de main en main, à cause du coronavirus. Nous avons donc trouvé une alternative : nous avons déposé chacun à notre tour une anémone. Un champ de fleurs. Un tapis floral recouvre ton cercueil.

Quand ils ont ouvert les grandes portes pour ta sortie au son de l'orgue et des applaudissements de l'assemblée, il neigeait à gros flocons – des papillons blancs immaculés.

C'était théâtral, grandiose, magique.

À cause du virus, il n'est pas possible de se réunir ; tous les cafés sont fermés. Nous échangeons alors quelques mots sur les marches.

Tu prendras la route en premier pour rejoindre ta dernière demeure en Normandie. Nous serons une vingtaine à te suivre.

Le voyage est long. L'autoroute est paralysée du fait de nombreux accidents dus à la neige. Je suis à l'arrière du minibus conduit par mon cousin Pierre. Je retiens mes larmes, je suis si mal. Cette injustice que tu as vécue n'est pas supportable.

C'est en passant devant Château-Gaillard, érigé par Richard Cœur de Lion au XIIe siècle, qu'il m'est apparu indispensable de révéler au grand jour ce que tu avais enduré. Je bous intérieurement. Il n'est pas possible de taire l'immonde. Je commence à prendre des notes sur ton calvaire : au fur et à mesure que j'écris, dénoncer l'intolérable se fait évident.

À notre arrivée au cimetière, je m'empresse d'en parler à Stanislas ; il me faut son aval et celui de maman. Ils abondent dans mon sens.

Tu es arrivé bien avant nous, tu as bravé la neige et les embouteillages.

Sur le parking, nous retrouvons Yolande, magnifique femme ; la fille des fermiers d'Auberville chez qui nous avions l'habitude, petits et adolescents, d'aller. C'était des moments privilégiés. Nous allions chercher des œufs et du beurre. Tu leur avais confié la garde de ton ânesse adorée, Cadichon-Marguerite, qui, c'était incroyable, te sentait arriver à plus d'un kilomètre à la ronde ; elle brayait, tu lui répondais. Tu te souciais de sa santé. Je t'entends encore lui parler. Je te vois la caresser avec douceur et fermeté. Tu l'auscultais, tu passais en revue ses jambes et ses ongles ; il n'était pas rare que tu demandes la visite du maréchal pour que des soins lui soient prodigués pour son bien-être.

Je suis rassurée de savoir que tu n'étais pas seul à ton arrivée. Tu as été accueilli par Yolande et par Aude, la patronne de la marbrerie ; cette dernière nous avait préparé un thé chaud.

Nous avons traversé tous ensemble le cimetière. Aude t'avait veillé, elle avait allumé un cierge et l'avait disposé dans une cage en verre à l'abri du vent. Elle avait également apporté une petite sono afin que la musique te berce.

Tu étais déjà mis en terre, dans le même caveau que Bonne-Mam.

C'est un vertige. Mon corps est fissuré, des frissons s'emparent de mon cerveau, mon cœur est arraché.

Tu reposeras pour toujours, ici. Nous savons tous que ce n'était pas ton heure : ils l'ont précipitée.

À la nuit tombée, nous faisons des prières et recouvrons ton cercueil de fleurs.

Je suis littéralement déchirée.

À la sortie du cimetière, mes oncles et Stanislas dressent, comme tu l'aurais fait et aimé, un buffet : nappe blanche, verrerie, bon vin, morceaux de comté, charcuterie et miches de pain. Nous convions Aude et le fossoyeur. Nous échangeons sur la spiritualité. Elle nous remet à chacun une attestation de déplacement dérogatoire, car c'est le premier jour du couvre-feu de 18 heures.

Nous nous absentons ; c'est si cruel, encore une séparation. Mais tu es en moi plus que jamais.

Deux cents kilomètres pour regagner Paris : deux heures durant lesquelles je couche sur un carnet tout ce que je ressens.

À partir du 18 janvier, nous continuons à aider maman dans les démarches administratives. C'est abyssal tous ces formulaires à remplir. Rendez-vous chez le notaire, à la banque, dans les caisses de retraite. Personne n'a jamais envisagé de soulager les familles, pourtant n'est-il pas imaginable de prendre soin aussi de ceux qui restent ? Cette fois, nous sommes confrontés à la violence financière.

Notre deuil sera impossible à faire. Questionnement incessant, culpabilité de ne pas t'avoir enlevé de cet endroit – on aurait dû défoncer la porte coupe-feu !

Pendant la semaine, je me renseigne, je fais des recherches sur toutes ces mesures iniques. Pour Stanislas et moi, il est indispensable de prendre rendez-vous avec le docteur P.C. Nous voulons des explications. Il accepte de nous voir le vendredi 22 janvier à 14 heures.

Le retour à la Pitié-Salpêtrière, sans que tu y sois, est un crève-cœur. Nous sommes arrivés en avance : nous apercevons le docteur P.C. faire la queue à la cafétéria. Il en ressort au bout d'un long moment :

dans sa main un petit pochon en plastique contenant son déjeuner. Nous lui signifions notre présence par un petit signe de la tête. Il a les traits tirés, la mine en papier mâché, les yeux très cernés.

Nous le suivons à la recherche d'un espace où converser. Après l'ouverture de plusieurs cabinets de consultation occupés, il en trouve enfin un de libre. Il est très mal à l'aise. Nous ne sommes pas ici pour le traquer, mais pour comprendre. Il avoue ne pas avoir dormi de la nuit, que la situation à l'hôpital est très tendue. C'est une évidence pour nous, car tu en as fait les frais. Par bienséance, je l'informe que je vais prendre la parole publiquement, que je ne peux me résoudre au silence.

Je mets en évidence le manque de vigilance et d'attention que tu as subi. Il en convient à demi-mot. Je m'attarde sur le fait que tu as été contaminé ici, que tu as été coupé de nous pendant douze jours et, sur la journée du 10 janvier, traumatisée de t'avoir vu seul, nu, les mains attachées dans ton urine. Il est piqué au vif : « Vous n'allez pas dire à la presse qu'il était nu dans son urine ? » À ce moment précis, le fait qu'il soit interloqué me gêne énormément ; c'est une façon de reconnaître une des fautes impardonnables commises.

Il reste très évasif sur l'administration de la morphine, qui est un des points cruciaux de ton départ anticipé. Il fait passer ce traitement sous couvert d'un soulagement. N'a-t-il pas conscience de son acte ?

Comment un homme qui t'a suivi, qui t'a reçu en consultation pendant des années, qui t'a opéré, qui est allé au plus près de ton cœur, qu'il est censé réparer et restaurer, a-t-il pu décider de clore le livre de ta vie ?

Nous pensions naïvement qu'il allait demander pardon.

Tu avais une telle admiration et une confiance immense en cet homme. Vous aviez tissé des liens.

Pour ne pas déroger aux règles que tu nous as transmises, je lui remets en partant un magnum de Chasse-Spleen et un mot manuscrit.

La symbolique est forte, j'en conviens. L'a-t-il comprise ? Le vin est le sang de la Terre ; Chasse-Spleen, une référence à la poésie – *Les Fleurs du mal* de Charles Baudelaire. Va-t-il en saisir le sens ? La dualité entre la beauté et le mal ?

En sortant de cette entrevue, qui n'a fait que renforcer ma volonté de vérité, je suis allée au pavillon Marguerite-Bottard, unité Covid. Je voulais saluer les infirmières qui avaient été bienveillantes, qui pleuraient le fait que nous étions interdits de visite. Malheureusement, elles étaient occupées en soins.

Je n'ai croisé que le docteur T., toujours aussi froide et distante :

« Oui, j'ai appris pour votre père, c'est la fatalité. »

L'hôpital n'est plus un endroit de guérison. Quand les médecins sont au bout de leur protocole, ils laissent tomber. Il y règne une absence totale d'éthique, de volonté de guérir.

J'ai juste le temps de lui dire qu'il serait bien d'avoir davantage de tablettes afin que les patients puissent être en relation avec les familles quand ils le souhaitent. Elle me répond qu'ils n'ont pas d'argent. Je me propose de leur en offrir ; je souhaite contribuer au bien-être des personnes malades. Elle note mon numéro de téléphone sur son portable, afin que la cadre de santé m'appelle.

Jamais je n'ai reçu d'appel.

Je décide d'écrire une lettre ouverte au président de la République française et au ministre des Solidarités et de la Santé.

Elle sera publiée sur le site FigaroVox le lundi 25 janvier 2021.

Monsieur le président de la République,

Monsieur le ministre de la Santé,

Je m'adresse à vous car je souhaite une prise de conscience sur ce que vivent, en France, les familles au quotidien par la faute de réglementations ineptes, inhumaines, odieuses et dévastatrices, et qui n'ont aucun sens.

Je n'attaque personne sur la gestion de cette crise hors norme. Nous vivons tous à l'échelle planétaire des mois inconnus. Mais je m'appuie sur mon histoire personnelle pour vous relater ce qui se passe réellement sur le terrain. L'hôpital public AP-HP, lieu par excellence où l'on se rend pour en ressortir guéri ou du moins en meilleure forme, ajoute à la souffrance des malades une privation de contacts humains qui, pour certains d'entre eux, peut s'avérer fatale.

Mon père est entré dans un hôpital public parisien, testé négatif pour une intervention cardiaque. Cette dernière s'est très bien passée ; il était heureux et en forme, sa sortie était prévue la semaine suivante.

Or, comme beaucoup de vos concitoyens, mon père a attrapé le coronavirus sur le lieu de la guérison. En effet, le personnel soignant, que je salue et remercie, et dont vous pouvez être fiers, n'est ni testé ni vacciné. Il manque cruellement de moyens humains et matériels.

Mon père a été placé en unité Covid où, à l'entrée du bâtiment, il n'y a ni gel hydroalcoolique ni prise de température. Cette unité, au troisième étage, n'autorise aucune visite de la famille ni des proches. Nous pouvons juste rester face à un long couloir où, au fond, se trouve une porte sur laquelle figure cet écriteau : Interdit d'entrer – COVID, *avec un digicode. De l'autre côté de cette porte se trouvent les patients, mais il est impossible de les voir. Nous pouvons seulement leur apporter des plats ou des effets personnels que nous confions aux infirmières.*

Pourquoi le personnel soignant peut-il se rendre au chevet des malades, mais pas les proches ? Ils sont habillés comme nous pourrions l'être : charlotte, surblouse, masque, gants, surchaussures. En observant tous les gestes respectueux.

Dix jours enfermé dans une chambre, que signifie cette punition ? Qui peut ordonner une telle mesure ? Nous n'avons pu revoir mon père, alors qu'il nous réclamait à cor et à cri. Tous les jours, nous nous rendions à l'hôpital en espérant que la porte s'ouvre. Nous n'avons essuyé que des refus catégoriques.

Un repris de justice a le droit à des visites réglementées. Il doit en être de même dans les hôpitaux, les Ehpad, sans plus attendre. Retrouvons notre humanité.

Les patients meurent de solitude, déprimés, anéantis par la souffrance de ne pas être en lien direct avec leurs proches. Sans compter que cette séparation dictée, imposée est insurmontable pour les familles.

Qui a pu imposer que nous ne pouvions pas même assister à la mise en bière ? Comment faire son deuil ? Le défunt n'a pas le droit de visite. Nous ne pouvons faire la reconnaissance du visage.

Nous avons une triple peine : mon père a attrapé le virus à l'hôpital, nous avons eu interdiction de lui rendre visite, et on laisse partir des milliers de personnes abandonnées, avec impossibilité de se recueillir devant leur dépouille.

C'est innommable ! Dans de telles conditions, la reconstruction est impossible. Nous ne pouvons être infantilisés ainsi, être privés de cette liberté fondamentale d'accompagner nos proches jusqu'à la fin.

Ce désarroi met en péril le mental, et conduit à des dégâts psychologiques irréversibles chez vos concitoyens.

Comment avancer, continuer à vivre ?

Ce virus doit nous interroger sur le sens de la vie, protéger et prendre soin de l'autre, et en aucun cas se draper dans une fatalité.

Nos chercheurs sont fiers de faire progresser l'espérance de vie. Des gens se battent au quotidien pour la dignité. Il n'y a pas d'âge pour partir. « Un vieux qui part est une bibliothèque qui brûle. »

Ainsi je vous demande au nom de tous, très certainement, que les familles puissent visiter leurs proches quelle que soit la cause de leur hospitalisation, et que les hôpitaux mettent à leur disposition les effets nécessaires (surblouses, gants...) pour que cela se fasse sans risque.

Il faut oser tout mettre en œuvre pour que les malades soient accompagnés tout au long de cette épreuve.

J'ose encore et j'espère vous dire déjà merci.

Stéphanie Draber dite Bataille

Cette lettre permet de tendre la main aux familles endeuillées, littéralement abandonnées, sans aucun soutien, aucune cellule psychologique. Mais, malheureusement, elle n'a pu m'ouvrir les portes pour rencontrer le président de la République ou le ministre des Solidarités et de la Santé. Je n'ai jamais rien demandé à titre individuel. Naïvement, j'imaginais qu'Emmanuel Macron décrocherait son téléphone ou me ferait appeler pour un rendez-vous. Ce qui m'inquiète avant tout, et au plus haut point, est ce qui se passe à l'échelle de tout le pays, de toute la population, de la civilisation. C'est gravissime et effondrant. Mais rien, pas un mot.

Olivier Véran m'a seulement présenté ses condoléances publiquement, sur France Info.

Grâce à la publication de cette lettre, je suis invitée sur des plateaux de télévision pour relater l'intolérable. Tu deviens le symbole physique et spirituel du combat que j'amorce, pour honorer ta mémoire, pour tous ceux qui sont partis dans les mêmes conditions que toi et pour les familles.

Les journalistes ont l'air de découvrir ce qui se passe à l'hôpital et dans les Ehpad. Ils sont bienveillants ; mon temps de parole est suffisant pour pouvoir m'exprimer. Ils montrent de l'intérêt au début, ça leur permet de faire du buzz, car tel est le traitement de l'information aujourd'hui. Mais la souffrance des défunts et ce que les familles endeuillées endurent ne peuvent être relégués dans la rubrique des faits divers. Il m'est si difficile et insupportable d'entendre : « On en a déjà parlé l'année dernière » ou « On ne peut pas en parler tout le temps ».

Je ne comprends pas : les journalistes devraient s'emparer de ce sujet et mettre en lumière l'inacceptable.

Nous sommes le mercredi 27 janvier. Depuis des jours, j'envoie des textos à Brigitte Macron pour l'alerter de la situation « en coulisses » – malheureusement restés sans réponse. Ce jour, je tente une nouvelle fois de lui écrire : « Brigitte, est-ce qu'Emmanuel aurait supporté que sa grand-mère soit traitée comme les patients à l'hôpital ou en Ehpad en ce moment ? »

J'ai touché une corde sensible : son appel ne se fait pas attendre.

« Stéphanie, il faut que l'on se voie, avec ton frère et ta maman, cette semaine ; je vois avec mon secrétariat et te dis vite. »

Maman décline la rencontre, traumatisée, écœurée, anéantie. Stanislas et Bruno sont partants. Nous avons la confirmation de l'entrevue pour le vendredi 29 janvier à 16 heures, à l'Élysée.

Dans l'après-midi, je suis appelée par la directrice de la qualité, de la gestion des risques et de l'expérience patients, afin de rencontrer deux chefs de service : de cardiologie et de gériatrie Covid-19 ; elle souhaite nous voir avec Stanislas, aussi rapidement que possible. Elle est très pressante.

Le jeudi 28 janvier, à 10 heures, à la Pitié, nous nous retrouvons dans le bureau du professeur H.N., chef de service en cardiologie, que nous n'avons jamais vu lors de ton hospitalisation.

Ambiance conseil de discipline. Nous sommes les victimes. Autour de la table, le professeur H.N., les docteurs P.C. et E., et la femme qui m'a appelé la veille – son titre a changé pendant la nuit, elle se présente en tant que responsable des usagers. Quels désobligeance et effroi. Les personnes ne sont plus des patients, mais des usagers : une masse. Le mot est utilisé pour les personnes qui utilisent les transports en commun. Une insulte supplémentaire. Stanislas et moi sommes assis au bout de la table.

L'échange se fait essentiellement entre le professeur et nous. Il est dépité, prend des notes, trouve inadmissible que tu aies été laissé nu avec les mains attachées ; il nous certifie qu'il va se renseigner. Les deux docteurs baissent la tête.

Il met également en avant le fait que la gestion du personnel est très compliquée, qu'il reçoit chaque semaine par mail des centaines de pages : des nouvelles directives, des décrets, qu'il n'a pas le temps de tout lire. En ce 18 janvier, il va être contraint de déprogrammer 50 % des opérations ; c'est un dilemme : qui sont les prioritaires ? Le choix est compliqué.

Quand nous avons pointé du doigt le manque de personnel, il en a convenu : « Vous savez, aux États-Unis où je vais régulièrement, les patients ont une infirmière par chambre ; évidemment, nous n'avons pas le même système de santé. Il faudrait beaucoup plus de soignants et d'infirmières en France, mais plus les années passent, moins nous recrutons. »

Concernant le cantinier avec ses maladresses, il en était conscient, l'avait convoqué à plusieurs reprises ; ajoutant : « Je ne peux rien faire, je dois faire avec ce que j'ai. Ce sont des fonctionnaires très protégés. »

Clairement, on ne peut rien faire ? Faut-il être les spectateurs du désastre, de la chute du service public ?

Je refuse d'être passive. Il faut dénoncer, agir.

L'hôpital ne peut être une montée à l'échafaud.

Seul le docteur P.C. s'exprime :

« Votre père serait avec vous s'il n'avait attrapé le coronavirus. »

Pense-t-il que nous n'avions pas compris ? Nous prend-il pour des idiots ? Pas une seule fois il n'évoque sa part de responsabilité.

Le professeur H.N. me promet de me rappeler quand il aura rencontré les infirmières : il veut en avoir le cœur net sur ton traitement du 10 janvier.

L'apogée est le rendez-vous avec le professeur N.W., chef de service en médecine gériatrique. Sans âge, ressemblant quasiment trait pour trait à la caricature de Jules Sénard par Honoré Daumier. Dans un bureau minuscule, il tente d'ouvrir la fenêtre afin d'aérer la pièce, sans succès. Il est assis derrière une table étroite et peu longue ; à sa gauche se tiennent la responsable usagers (qui est en réalité une dactylo) et la cadre supérieure de santé ; Stanislas et moi sommes en face de lui.

Il est très désobligeant, prétentieux et pervers. Il a envie d'expédier l'affaire. Pour lui, tout est normal ; le travail a été « bien fait » – ce sont ses mots. Ton hospitalisation s'est passée de façon remarquable.

Quelle impudence !

Il ne se remet pas en question. Il est fier de son service, qui pousse à la mort et non à la vie. Je l'interroge sur cette phrase atroce qu'on a eu de cesse de nous asséner : « Vous le verrez au dernier moment ! »

« Mais, bien évidemment, ici on voit les gens au dernier moment.

— Avez-vous conscience de vos propos ? Vous êtes un bourreau. De quel droit vous autorisez-vous à kidnapper des personnes ? Vous ne possédez pas les patients. Ils ne sont en aucun cas votre propriété, vos choses.

— C'est comme ça !

— Alors regardez-moi bien en face, les yeux dans les yeux, je vous demande de ne pas les baisser. Pour moi, vous n'êtes pas professeur, j'ai trop de respect et d'estime pour l'enseignement. Regardez-moi bien : le jour de votre mort, vous penserez à moi ! »

Il n'est pas possible de s'éterniser devant de telles ignominies. Comment peut-on laisser exercer ces gens-là ? La sécurité des patients en état de faiblesse n'est pas respectée.

Le vendredi 29 janvier, au moment de nous rendre au palais de l'Élysée, je reçois un appel du professeur H.N. Il est gêné. Il a questionné les infirmières qui étaient en charge de tes soins le 10 janvier. Elles ont avoué t'avoir attaché les mains, et laissé nu. Elles ne sont pas venues te voir pendant quatre heures. Il est consterné de la situation. Il me propose de le rappeler quand je le souhaite. J'ai bien évidemment essayé, mais en vain. Je lui ai demandé de m'envoyer un mail, afin qu'il écrive ses dires noir sur blanc. C'était au-delà de son courage.

À l'heure dite, nous nous présentons : ouverture de la barrière de sécurité rue du Faubourg-Saint-Honoré, contrôle des papiers d'identité ; nous traversons la cour, montons les marches, déposons nos manteaux.

Un majordome nous accompagne dans un petit salon ; immédiatement, une hôtesse nous propose un rafraîchissement. Cinq minutes plus tard, une porte s'ouvre : Brigitte Macron apparaît, nous salue chaleureusement et nous convie dans un salon-bureau.

Nous sommes cinq autour de la table ronde : Brigitte Macron, Pierre-Olivier Costa (conseiller spécial du président et directeur de cabinet de la Première dame), Bruno, Stanislas et moi.

Elle est désolée de ce qui t'es arrivé. Aimablement, je rectifie car l'adjectif n'est pas approprié. On est désolé quand on marche sur le pied de son voisin, ou si on arrive en retard à un rendez-vous.

Je contextualise la situation : tu as attrapé le coronavirus à l'hôpital public, nous avons été interdits de visites, cette solitude t'a considérablement affaibli, tu as été sédaté, tu n'as pas été respecté. Je surligne qu'un être humain n'est en aucun cas une chose ni un objet. Les rites funéraires sont bafoués et l'adieu au visage est interdit ; c'est gravissime pour une civilisation, inacceptable pour le défunt, et insurmontable pour ceux qui restent.

Brigitte Macron pense que tu es un cas unique. Par certains côtés, oui, mais le traitement qui t'a été infligé n'est pas unique. Le 29 janvier, la France compte plus de 75 000 morts de la Covid-19 ; quasiment tous sont partis comme toi. J'ajoute que par folie d'hygiénisme, les corps sont aspergés d'eau de Javel.

Elle m'affirme que le président a demandé, en mars 2020, qu'on autorise les visites ; cependant elle est consciente qu'il n'est pas décisionnaire : c'est au bon vouloir des chefs d'établissement ; de plus l'AP-HP est sous la coupe de la mairie de Paris.

Elle s'enquiert auprès de nous si nous avons pu voir les deux chefs de service de l'AP-HP, car elle en a fait la demande. Bruno boue intérieurement : il explique que ces 75 000 morts impactent environ un million de personnes. Un défunt touche dix personnes de sa famille en moyenne. Un désastre psychologique se profile.

Stanislas dénonce les procédés employés, qui sont indignes d'une démocratie. Les droits fondamentaux sont bafoués. Il ne faut pas tout mettre sur le compte du coronavirus ; cette pandémie n'est qu'un prétexte.

L'hôpital est en souffrance depuis plus de trente ans. Chaque année, des lits ferment. Les médecins et les infirmières étaient en première ligne au début du mouvement des Gilets jaunes ; le gouvernement ne les a pas entendus.

Je mets en miroir le nombre de morts annoncés quotidiennement, entre 150 et 400 personnes : l'équivalent d'un Airbus A340 ou A350 chargé de passagers qui s'écrase chaque jour. Si c'était de fait le cas chaque jour, on s'en émouvrait bien différemment. On ne peut plus banaliser la mort à travers des chiffres annoncés si mécaniquement chaque jour. Les chiffres ne signifient plus rien, on a perdu le sens du chiffre. Il ne s'agit désormais plus que d'un calcul rationnel où sont sacrifiés les plus vulnérables.

Il n'est pas acceptable de s'habituer à l'intolérable.

Je souhaite également connaître le nombre de vies interrompues brutalement pour avoir contracté le virus à l'hôpital. Brigitte Macron et Pierre-Olivier Costa prennent des notes scrupuleusement, mais n'apportent aucune réponse.

Je conclus par la requête de nombreuses familles, transmise par le biais de Lionel Petitpas, fondateur de l'association Victimes du Covid-19, qui veulent que soit décrété un jour de deuil national et que soit érigé un mémorial – beaucoup de pays l'ont déjà fait. C'est très important de prendre leur vœu en considération, pouvant ainsi contribuer à leur réparation, à leur travail de deuil. Il faut que les défunts et les familles soient reconnus ; ils méritent d'être estimés.

En sortant d'une heure et demie d'entretien, nous croisons tous les ministres, convoqués pour un conseil de défense. Nous sommes bel et bien en guerre. Une guerre dont nous sommes tenus à l'écart : nous ne pouvons pas avoir accès aux dossiers, classés secret défense. En cette fin de janvier 2021, Emmanuel Macron s'oppose à un confinement, contre l'avis de beaucoup de scientifiques et de certains ministres.

Mon inquiétude est grandissante pour notre démocratie ; nous vivons la fin de la démocratie, en toute impunité. Il se moque et piétine les laissés-pour-compte, les sans-voix et les sans-droits. Indifférence à la douleur et à la réalité.

Depuis 1789, la France est supposée être la patrie des droits de l'homme et du citoyen. Une déclaration essentielle mais altérée, abandonnée depuis plusieurs années maintenant, sans cesse mise à rude épreuve.

Cette entrevue n'a fait que nourrir ma révolte. Je ne peux pas me résigner à me taire. Je suis habitée par une obstination sans bornes. Il n'est pas possible de cacher ce carnage. Je mets mon mal, ma dévastation au service de cette cause. Ils m'ont tout pris : toi, mon père, qui nous a tout donné, par respect, par honnêteté intellectuelle, pour ma reconnaissance éternelle. Je ferai la lumière sur ce monde décadent, où l'homme est négligé, est rabaissé au niveau du rien.

Je ne l'ai jamais supporté mais, depuis le 11 janvier 2021, c'est intenable.

Il y a vingt ans, j'ai choisi ce pseudonyme : Bataille. Mon nom de guerre pour faire la paix. Souvent je l'utilisais comme verbe. Stéphanie Draber bataille contre l'injustice, Stéphanie Draber bataille contre toutes les violences, Stéphanie Draber bataille contre la laideur.

Aujourd'hui, Bataille a tout son sens.

Le 30 janvier, j'entre en contact avec Michael, le fondateur de *Women News Letters*. Il me propose de relayer ma lettre ouverte et d'y joindre ma pétition sur change.org : « Visiter un proche à l'hôpital ou en Ehpad quand on veut, c'est vital. Covid ou pas. » Change.org/stephaniebataille. Cette pétition permet d'alerter sur les traitements infligés aux patients ; les proches témoignent, ainsi que des médecins. Elle a recueilli pour le moment plus de 45 000 signatures et plus de mille témoignages.

« Je ne peux plus supporter ce qu'on fait vivre aux personnes hospitalisées et résidents d'Ehpad. L'épidémie a bon dos. » (Natalia Tauzia)

« J'ai vécu la même situation, impensable. Le résultat est inadmissible pour une société civilisée, comme la pénurie organisée (de personnels, de matériel, de locaux...) qui sévit dans les milieux hospitaliers et paramédicaux. » (Frédérique Dhavernas)

« Je signe, en tant que médecin anesthésiste réanimateur, parce que le non-technique et l'humain dans les soins, en particulier en réanimation, doivent avoir une place de premier rang, et ne pas être considérés comme anecdotiques à la fois pour les soins, les soignants et avant tout pour les patients. » (François Jaulin)

« Je signe parce que mon fils est décédé de la Covid (contractée à l'hôpital) le 10 avril dernier et que les choses se sont passées de façon inhumaine.

Aucune visite possible. Pas de tablette ou autre pour pouvoir communiquer. Des médecins injoignables la plupart du temps ou expéditifs car mes questions les dérangeaient.

Un appel le 10 avril à 17 heures :

“Il est probable que votre fils décède dans les heures à venir.

— Je voudrais le voir une dernière fois, s'il vous plaît.

— Madame, c'est impossible.”

Puis plus de nouvelles.

J'appelle à minuit, une infirmière :

— Personne ne vous a avertie ? Votre fils est décédé à 23 h 45.”

Six jours de morgue à l'hôpital et une mise en bière sur place. J'ai demandé une photo de son visage : refusée ! Une cérémonie à six personnes, dans un désarroi infini. Voici comment mon adorable fils a terminé sa vie. Seul dans sa détresse. Puis emballé nu au frigo. » (Régine Anthime)

Je reçois aussi des centaines de mails sur la messagerie dédiée que j'ai créée, de proches mais aussi de soignants.

« Je suis infirmière, j'ai soixante ans. C'est quoi soigner ? J'ai appris, au-delà du geste technique formaté et “protocolisé”, que c'est faire du bien en prenant en compte la personne (quel que soit son âge) dans sa singularité, son univers psychoaffectif, ses liens d'amour et familiaux essentiels à son moral et à son bien-être. Soigner, c'est ça.

En avril 2020, exerçant en Ehpad dans la banlieue de Paris, au pire moment de la Covid, travaillant de 8 heures à 20 heures non-stop, souvent seule pour une centaine de résidents sur trois niveaux, des résidents contaminés étaient enfermés, coupés brutalement du monde ; plus personne des équipes ne voulait entrer dans leurs chambres, car la peur gouvernait tout le personnel.

Et même certaines de mes collègues préféraient me laisser aller au front pour entrer dans les chambres Covid faire les tests antigéniques aux résidents malades.

J'ai regardé mon métier en face. Je suis allée souvent au chevet de ces personnes, pour leur parler avec douceur (et non pas comme ces nombreux robots en blouse blanche désensibilisés et trop forts en gueule qu'on croise dans les couloirs des hôpitaux), et je leur passais le téléphone pour qu'elles se réconfortent à l'écoute de la voix de leurs proches. J'ai également très vite proposé à la direction de réorganiser les chambres, en réservant un espace dédié aux personnes Covid dans une aile du bâtiment au rez-de-chaussée, avec accès extérieur, non pas pour les reléguer comme des pestiférés, mais de sorte que les proches et familles puissent entrer directement les visiter. Je n'ai pas été suivie. Je suis partie.

Autrefois, pour la grippe H1N1, réquisitionnée pour vacciner des collégiens dans des établissements parisiens, j'ai fait acte de présence obligatoire, oui, mais je n'ai pas vacciné – car avait-on le droit de vacciner toutes ces jeunes personnes mineures sans qu'elles puissent avoir leur discernement de citoyens majeurs pour décider par elles-mêmes ? » (Véronique D.)

« Depuis plus d'un an nous nous battons contre ce virus, depuis plus d'un an les familles se battent pour voir les leurs... en vain. Trente ans que je fais ce métier, trente ans que je constate l'inhumanité de l'hôpital mais, depuis plus d'un an, elle est à son paroxysme. L'humain n'est devenu qu'un outil de travail. Les médecins se battent certes, mais certains laissent de côté la santé morale des patients et des familles ; il leur manque cette empathie si précieuse pour exercer au mieux ce métier. Les médecins sont les maîtres et ils décident de l'organisation de leur service ; nous, petites infirmières, nous supportons la détresse de tout le monde.

Comment peut-on, en 2021, accepter cette interdiction de liens ? Comment peut-on laisser des familles aux portes de l'hôpital avec leur désarroi ?

Tout est suspendu. Comment est-il tolérable d'empêcher un proche d'accompagner le sien au moment du décès ? Comment faire son deuil ? C'est insupportable.

Je ne comprends pas que de telles mesures soient autorisées. Au nom de quoi ? Au nom de rien.

Un an que l'on nous parle de chiffres, mais à aucun moment on a réfléchi à des mesures à mettre en place pour permettre ces visites qui, elles, sont essentielles. Notre métier n'est pas de prendre en charge la douleur physique, mais bien de prendre soin de la personne dans sa globalité. Tout ça est insupportable et honteux. » (Nathalie C.)

« Je suis infirmière depuis plus de trente ans et travaille en Ehpad depuis quinze ans. Ce n'est pas un hasard : à la fin de mes études, j'avais présenté un mémoire traitant de la solitude de la personne âgée hospitalisée. Mon engagement au service de nos aînés est une volonté de reconnaissance pour les générations qui nous ont précédés et qui ont œuvré pour que nous héritions d'un monde meilleur que celui dans lequel elles ont vécu. L'accompagnement dans la gratitude, le respect, la dignité jusqu'au bout de leur vie est pour moi fondamental et incontournable.

Il y a un an, nous avons enfermé nos résidents dans leurs chambres, durant le confinement, pour les protéger du virus. Mission réussie, puisque nous n'avons eu aucun cas positif, mais désastreuse sur les autres plans : perte d'autonomie, perte de repères temporo-spatiaux, perte de l'envie de vivre pour certains.

La campagne de vaccination, telle que présentée dans les médias, leur a redonné de l'espoir. Bien que nous les ayons informés que le vaccin les protégeait des formes graves, mais n'empêchait pas de contracter la maladie, ni de la transmette, ils avaient tellement besoin de cette espérance que tout ce qu'ils ont retenu, c'est qu'après, progressivement, tout allait pouvoir se normaliser.

Et là, c'est la douche froide !

Un an après, la situation est pire encore : un résident vacciné est hospitalisé pour une chute ; il rentre de l'hôpital "cas contact". À J + 7, il est positif (inutile de dire que dès son retour dans l'établissement il a été mis en isolement strict, avec précautions renforcées pour le personnel qui s'occupait de lui). Les autres s'interrogent : alors à quoi sert le vaccin ? Puis un membre du personnel est testé positif. Tous les résidents sont confinés dans leurs chambres, le temps de tester tout le monde. D'autres cas se révèlent positifs, parmi les résidents et membres du personnel. Pourtant nous sommes très vigilants et n'avons laissé tomber aucune des précautions prises depuis le début.

Confinement en chambre, arrêt des visites, arrêt des sorties. L'espoir est mort.

Un an et rien n'a changé, sauf que cette fois on a tué leur espoir qu'un jour ça s'arrête.

Avant cette crise, on parlait de liberté d'aller et venir en Ehpad ; on nous demandait de considérer les bénéfices-risques des mesures préventives que nous prenions pour certains résidents désorientés, en limitant leurs mouvements par crainte qu'ils ne se blessent, qu'ils ne se perdent. On nous disait que, bientôt, des juges des libertés seraient amenés à intervenir en Ehpad pour vérifier que nos mesures de prévention ne sont pas trop coercitives… Nous les attendons, ces juges des libertés ! Le système politique (au sens large) nous demande d'être, non pas des soignants empathiques, mais des gardiens de prison impitoyables. Lorsque certains résidents enfreignent “la loi du confinement en chambre”, aussitôt deux ou trois mâtons sont sur leur dos, leur enjoignant de rentrer immédiatement dans leur chambre.

Quelle tristesse ! Quelle inhumanité ! Arriver à plus de quatre-vingt-dix ans et obéir comme un enfant en maternelle ! Par crainte d'être sanctionné. Honnêtement, nos aînés méritent mieux que ça. Quel métier faisons-nous ? Nous sommes dépités. Ah, nous allons toucher une prime Ségur ? C'est intéressant pour notre pouvoir d'achat, mais c'est aussi un bon moyen de nous endormir et de détourner notre attention des fondamentaux de nos engagements professionnels de soignants. » (Charlotte C.)

Tous ces témoignages ne font qu'enfin éclairer la démence dans laquelle nous sommes. Ils m'énergisent pour agir.

La solitude des patients, la dépersonnalisation des soins, la rupture du fil de la tradition, l'empire de la technique et de la science incarnent le nihilisme, la décadence de la société.

Le 29 janvier, dans la soirée, Elsa Boublil, la conseillère culture d'Anne Hidalgo, me contacte car elle vient d'apprendre ce qui se passe dans les hôpitaux et dans les Ehpad ; elle m'avoue « être passée à côté ». Elle en informe la maire de Paris, qui est également présidente du conseil de surveillance de l'AP-HP. Cette dernière devait m'appeler ou me rencontrer. Elle ne m'a jamais donné de nouvelles.

Cependant, je suis reçue à la mairie de Paris, le mercredi 3 février, par Elsa Boublil et une conseillère santé. Un rendez-vous qui, malheureusement, n'a donné aucune suite : une heure durant laquelle j'ai expliqué qu'il était urgent d'agir pour pallier la désespérance des familles, la maltraitance que subissent les patients. Il est indispensable qu'Anne Hidalgo prenne la mesure de l'agonie de l'AP-HP.

J'en conclus que ce n'est pas sa priorité. À ses yeux, le soin est bien moins primordial que le Conseil de Paris, qu'une élection ou que l'économie.

Le mépris est assourdissant.

Je réalise à nouveau que la vérité que je révèle est certainement incommodante : « Dans un monde où chacun triche, c'est l'homme vrai qui fait figure de charlatan[1]. »

Ils n'ont pas conscience de ma détermination. Ils ignorent l'énergie du désespoir.

Le 26 janvier, je suis invitée à *C à vous*, avec Sabrina Sellami. Elle s'est déjà faite entendre à plusieurs reprises. Le 25 juillet 2020, *Le Parisien* a consacré un article à son double deuil. Elle a perdu son père et son frère, coup sur coup, lors de la première vague. Elle a rejoint l'association Victimes du Covid-19 de Lionel Petitpas. Elle a été invitée sur LCI, CNews, etc. À chaque fois, elle invoque le deuil impossible, les protocoles imposés. Elle a aussi témoigné dans le numéro du 15 mars 2021 de *Libération*, dans un article intitulé « Les victimes invisibles du Covid ».

Toutes les deux, nous relatons nos histoires personnelles. Les journalistes sont consternés de constater que rien n'a changé depuis la première vague. Les conditions ignobles sont toujours en vigueur. Je m'insurge contre le fait que cela ait été déjà possible en mars 2020. Gouverner, c'est prévoir. Le manque d'anticipation est catastrophique pour une nation.

Lors de l'émission, est diffusée un magnéto de Martin Hirsch qui déclare : « Elle a pu voir son père. » Quelle inconvenance ! Quel mépris ! Employer

1. André Gide, *Les Faux-monnayeurs*, 1925.

la troisième personne du singulier et mentir effrontément ! Il faut aller jusqu'au bout, monsieur Martin Hirsch : j'ai effectivement vu mon père au *dernier* moment ! Ce n'est pas recevable. Pense-t-il sérieusement que les familles vont accepter cela ?

Pire encore, il cherche à nous achever par un communiqué de presse, repris le 29 janvier 2021 dans *Le Parisien* : « L'AP-HP dit avoir suivi les recommandations, et apporte des réponses factuelles aux affirmations de Stéphanie Bataille. Son père a déclaré des symptômes à la Covid-19 au cours de son hospitalisation, durant laquelle il recevait des visites dans sa chambre individuelle. Pendant la période à laquelle il y était hospitalisé, l'ensemble du personnel en contact avec lui a été testé négatif. Étienne Draber a ensuite été transféré dans un autre service, au sein duquel les visites ne sont pas autorisées en raison du profil des patients particulièrement fragiles, sauf exception, poursuit l'Institution qui précise qu'il a été considéré, en concertation avec la famille, qu'il était préférable que les proches de la Covid-19 ne lui rendent pas visite. »

Plus loin, l'AP-HP rappelle qu'elle applique « les recommandations nationales de limitation des visites » et que « des visites restent malgré tout possibles en fonction de l'état de santé du patient. Cela a pu être le cas à plusieurs reprises pour le père de Stéphanie Bataille et notamment la veille de son décès. Un membre de la famille a ainsi pu voir le patient avant son décès et Stéphanie Bataille a pu se recueillir auprès de son défunt père dans sa chambre, au sein du service de soins. Comme indiqué, nous avons proposé une médiation, mais la famille n'a pour l'instant pas donné suite ».

Ce communiqué de presse est un coup de poignard, une lame de fond, une injure inqualifiable. Maman est dézinguée. Stanislas est démoli. Cette calomnie est intolérable.

Le docteur P.C. m'a certifié que le personnel soignant n'était pas testé. Nous nous sommes fait tester le 26 décembre : nous étions tous les trois négatifs. Ils t'avaient installé dans une chambre Covid le 14 décembre ! Patient Covid-19 dans la chambre 216 !

Ils insinuent que c'est nous qui t'avons contaminé ! Maman et moi étions positives le 4 janvier 2021. Stanislas était négatif. Nous avions tous les cas possibles.

Maman et moi étant positives, comme toi, je ne comprends pas pourquoi nous ne pouvons rendre visite à un patient atteint du même virus en prenant toutes les précautions nécessaires.

Quelle honte, cette obéissance : « appliquer les recommandations nationales ». Nous ne sommes en aucun cas contraints d'obéir à l'inacceptable ! Preuve en est, le docteur Roland de Varax, du centre hospitalier de Mâcon, que j'ai joint à la suite de ses prises de parole, a demandé à tout son personnel soignant de s'occuper des familles, les visites devant avoir lieu, le lien ne pouvant en aucun être coupé, parce que primordial pour le processus de guérison.

Oser s'enorgueillir que nous ayons pu te voir la veille et le jour de ta mort ! C'est impardonnable de se justifier de la sorte. La politique du « dernier moment ».

Comment accepter de ne voir quelqu'un qu'au dernier moment ? Ce sont des méthodes tortionnaires, un supplice. Agir au dernier moment est un abus de pouvoir, un manque de courage, une lâcheté infinie.

Il n'y a que les chefs d'entreprise, les politiques, les petits chefs qui agissent de la sorte. Avec une jouissance sadique de mettre à terre, d'asphyxier. Un besoin démesuré de prouver qu'ils tiennent tout.

L'humain n'a aucune valeur pour eux, leur unique préoccupation est l'économie.

Ils asphyxient les salariés en les payant au minimum et le plus tard possible ; les fournisseurs en les réglant à quatre-vingt-dix jours fin de mois.

Donner des primes au personnel soignant, c'est leur accorder une reconnaissance tronquée, car nous savons bien qu'une prime peut être retirée du jour au lendemain, et ne rentre pas dans le calcul de la retraite.

Dans le même esprit : pourquoi prendre des mesures sanitaires drastiques au dernier moment, alors qu'il aurait été sage d'anticiper, d'accorder le droit de visite aux proches à l'hôpital, en clinique ou en Ehpad.

Ils s'obstinent dans leur démarche, persuadés que nous sommes dépendants d'eux. Beaucoup d'entre nous le sont effectivement.

Mais nous ne pouvons continuer à nous soumettre. Ce communiqué nous a conduit à prendre un avocat. Nous devons être entendus, la lumière doit être faite. Maman demande tes dossiers médicaux. Jamais je n'aurais imaginé faire appel à la justice.

Je fais la connaissance d'Ingrid Bernard, qui a perdu sa grand-mère dans des circonstances identiques aux nôtres. Nous décidons de créer avec sa mère, Brigitte, une page Facebook : « Covid-19 dommages collatéraux », qui a pour but de permettre aux familles de pouvoir s'exprimer, de créer des liens, un élan de solidarité.

C'est une nécessité, tant cette pandémie a engendré une blessure collective.

Les témoignages affluent et sont bouleversants. Les personnes ne comprennent pas ce qui s'est passé, ce qui se passe. Elles sont en état de sidération, en choc traumatique. Elles sont dans une désespérance à hurler, une culpabilité irréparable.

La plupart de leurs défunts ont contracté le coronavirus à l'hôpital, en clinique, en Ehpad ; ils sont tous partis seuls, sans proche à leur côté, souvent sédatés à la morphine ou au Rivotril, tous enterrés nus dans des sacs mortuaires et aspergés d'eau de Javel.

Parallèlement, je crée une adresse mail : stephanie bataillepourvous@gmail.com, pour avoir un contact personnalisé avec les familles. Beaucoup me demandent de les joindre.

Très rapidement, je me retrouve avec des milliers de témoignages. J'ai entre 10 et 30 appels par jour. J'écoute énormément. Je donne des conseils. J'envoie la lettre type pour récupérer les dossiers médicaux, je transmets des coordonnées d'avocats. Je crée et gère à moi toute seule une cellule psychologique.

Le mercredi 10 février, je découvre sur le site de *Marianne* le témoignage de Laurent Frémont, qui a perdu son père âgé de soixante-dix ans, chirurgien en activité. Admis dans une clinique à Aix-en-Provence, porteur du coronavirus, sa famille n'a jamais eu le droit de le revoir. Dix-sept jours enfermé, séquestré. Tout juste le droit à deux appels de la clinique. Le premier pour leur demander d'arrêter d'appeler pour prendre des nouvelles. Le second, le 9 novembre 2020, pour leur annoncer le décès.

Le jeudi 11 février, voici un mois que tu n'es plus là. Chaque jour qui passe est un jour de béance.

Le vendredi 12 février, je suis invitée sur Sud Radio, dans l'émission d'André Bercoff. Laurent Frémont l'est également.

Deux orphelins atomisés, nous tombons dans les bras l'un de l'autre. Cette rencontre est une évidence. Nous décidons de nous battre ensemble pour la mémoire de nos pères, des défunts, pour les familles. Pour *plus jamais ça*.

Marie de Hennezel, qui a écrit lors du premier confinement *L'Adieu interdit*, a sensibilisé le gouvernement et l'opinion public à ce carnage. Elle se rallie immédiatement à nous et nous soutient dans la création de notre collectif www.tenirtamain.fr.

Ce collectif a pour but de sensibiliser et d'alerter nos concitoyens des drames qui se déroulent en toute impunité.

Nous voulons inscrire dans la loi un droit de visite des proches dans tous les établissements de santé, à tout moment de l'hospitalisation. Nous souhaitons engager le dialogue avec les soignants et les gestionnaires pour remettre l'humain au cœur de notre système de santé.

Je fais également la connaissance d'Emmanuel Hirsch, professeur d'éthique médicale à la faculté de médecine de l'université Paris-Saclay, président du Conseil pour l'éthique de la recherche et l'intégrité scientifique. Il saura m'écouter et, surtout, se mobilise immédiatement pour notre combat.

Nous concevons un observatoire avec des chercheurs, des scientifiques, des psychologues, des psychiatres, une directrice de pompes funèbres, un anesthésiste réanimateur de l'hôpital Lariboisière, un thanatopracteur, des infirmières.

Ils sont tous révoltés par ce qui se passe depuis un an.

Ils sont choqués de ce que tu as vécu, certes, mais mon combat est pour toi et tous les autres.

Cela fait des années qu'ils tirent la sonnette d'alarme, sans jamais être entendus.

Les infirmières craquent de plus en plus, affirmant qu'elles ne sont pas là pour mettre des personnes dans des housses ; elles n'ont pas le temps de s'occuper convenablement des patients, elles sont de plus submergées par l'administratif. Un bon nombre est en burn out. On leur demande de venir travailler alors qu'elles ont le coronavirus car il n'y a personne pour les remplacer.

Les psychiatres déplorent des patients très entamés psychologiquement, des deuils qui ne pourront jamais être faits.

Forts de ce constat désastreux, nous élaborons une charte éthique.

Il faut réformer l'hôpital. Il faut former et embaucher rapidement des infirmières et des médecins en les payant convenablement.

Il est indispensable de rajouter des cours obligatoires sur la mort en faculté de médecine – ce qui n'est pas le cas aujourd'hui.

Et surtout remettre l'humain, le soin et l'empathie au centre des établissements de santé.

Sabrina Sellami me présente Julie Grasset. Cette dernière a perdu son père en mars 2020 ; elle a monté une association : CœurVide19.

Elle est déterminée, elle ne lâchera rien non plus ; elle a tout perdu, on lui a tout volé. Elle me livre son témoignage :

« Mon père, Patrick, avait soixante-sept ans. Il aimait la nature, son Argonne natale, les balades en forêt, les fleurs, l'odeur de la rosée du matin qui vous pique le nez. Il aimait le bon vin, le champagne et les bons plats partagés en famille ou entre amis. Il aimait la vie, tout simplement.

Il est mort à son domicile, le 25 mars 2020, des suites de la Covid-19. Mort à domicile, lui n'existe pas dans le décompte mortifère quotidien que vous regardez, assis le soir dans votre canapé. Et pourtant mon père a dédié sa vie aux autres, en tant que soignant pendant quarante ans au sein de l'hôpital public.

Homme de caractère et de convictions, il avait le soin de l'autre vissé au corps et était apprécié par ses équipes. Mon père était pudique sur ses sentiments, si généreux et si bon. C'était le genre d'homme sur lequel vous pouviez compter en toute circonstance.

Mon père avait tenu la main de sa mère jusqu'à la fin pour l'accompagner en paix. Mon père était devenu grand-père ; de ce rôle de grand-père, il en était fier, mon père. Et sa vie n'en était que plus belle.

Oui, mais...

Mon père a été terrassé par la Covid-19 en à peine sept jours au printemps dernier. Mais le pire mal lui sera infligé par les protocoles sanitaires qui l'ont déshumanisé. Décès constaté à 7 heures du matin. Jeté dans une housse blanche, un bracelet au poignet, puis mis en bière à 10 h 15.

Seul.

Parti en fumée à 12 h 30.

Seul.

Attendre ses enfants pour qu'ils se recueillent, mais pour quoi faire ?

Pardonne-moi, papa, de ne pas avoir été là pour toi.

Pardonne-moi, papa, de ne pas t'avoir tenu la main.

J'ai le CœurVide19, papa : cœur en miettes, gorge nouée, larmes versées de ne pas avoir été à tes côtés. Je t'aime à jamais, papa. »

Nous avons toutes et tous cette même détermination : nous unir, pour le même combat. Nous sommes très attachés, comme Lionel Petitpas, à un jour de deuil national et à un mémorial. Je ne comprends pas pourquoi rien n'est fait, rien n'est dit. Tous les pays d'Europe font des commémorations, les États-Unis également ; mais ici en France, rien.

Le 9 mars 2021, à la vue des non-réponses du gouvernement à ce sujet, j'entreprends une campagne de sensibilisation et d'hommage pour le 17 mars – date du premier confinement, en 2020. J'ai pour idée de demander aux familles, qui en sont d'accord, d'écrire une vingtaine de lignes sur le départ de leur proche ; des comédiennes et comédiens les liront en se filmant.

Tous les artistes se sont sentis concernés et ont répondu favorablement. Pour le moment, j'en ai diffusé 30, mais je ne compte pas cesser de le faire. Je vais continuer à mobiliser le monde de la culture. C'est historique, ce qui se passe. Monter sur scène est un acte politique : on monte sur scène parce qu'il y a quelque chose qu'on n'a pas supporté.

À ceux qui le souhaitaient, j'ai proposé de m'envoyer la photo de leur proche disparu, en y notant quelques mots sur la façon dont ils étaient partis. Les familles sont très reconnaissantes et touchées par cet acte militant de la part du monde de la culture.

Le 12 mars, nous recevons ton dossier médical cardiologique. Il est accompagné d'une facture de 32,47 € : 136 pages à 0,18 €, plus 7,99 € de frais d'envoi. Et d'un courrier nous priant de régler cette somme sous quinze jours, signé par le chef de service de cardiologie. J'aurais aimé lui répondre : « Professeur, la seule intelligence est celle du cœur. »

J'appelle l'assistante chargée des relations avec les usagers et de la direction de la qualité de l'hôpital. Je la remercie pour l'envoi du dossier, et j'ajoute qu'il doit y avoir certainement une erreur : un robot a dû envoyer par inadvertance cette facture. Elle est très embêtée, elle est au courant des circonstances de ton départ, elle me met en attente, elle va en parler à son chef. Deux minutes plus tard, elle me reprend ; son intonation a littéralement changé : « C'est tout à fait normal d'avoir à régler cette facture, l'impression du dossier a mobilisé une secrétaire, c'est beaucoup de travail ! »

La politique de la tarification à l'acte nous mène encore une fois à l'inhumanité.

Le 17 mars à 7 heures du matin, je poste les témoignages sur les réseaux sociaux, et sur les sites de Tenir ta main et d'Éthique et Pandémie. Ils sont très relayés. France Info, *Le Parisien*, FigaroVox soutiennent cet hommage.

Les familles se sentent un peu moins abandonnées, en ce jour. Les gens qui n'ont pas vécu ces drames sont sensibilisés et prennent conscience de l'horreur.

Cette action est une petite goutte d'eau. Elle se rapproche de la légende du colibri pour qui la bienveillance et l'altruisme sont essentiels. Chacun d'entre nous avons la possibilité de « faire notre part », d'impulser ainsi un engagement général.

À 14 heures, Laurent Frémont et moi sommes conviés au Sénat afin de participer à la minute de silence que nous avons demandée au président, monsieur Gérard Larcher. À l'ouverture de la séance, il a tenu à rendre hommage à tout le personnel soignant, à tous les professionnels qui ont permis que le pays ne soit pas à l'arrêt depuis un an, et aux 90 000 morts de l'épidémie. Il a demandé à tout l'hémicycle de se lever et de respecter un temps de silence.

À 17 heures, la mairie de Levallois, sur la demande de Julie Grasset, a tenu à commémorer les victimes. Un arbre a été planté à cette occasion. Une cinquantaine de personnes étaient réunies. La maire Agnès Pottier-Dumas, l'adjoint au maire David-Xavier Weiss, Julie Grasset, Sabrina Sellami et Lionel Petitpas ont pris la parole, invoquant la perte d'une épouse, d'un père, d'un frère, et la déflagration de leur vie personnelle, dénonçant les mesures sanitaires, l'absence totale d'écoute et de soutien de la part des pouvoirs publics.

« Le XXIe siècle sera ou ne sera pas spirituel », aurait dit André Malraux.

Le XXIe siècle débute en réalité maintenant.

Cette pandémie révèle que le monde est malade.

Il est indispensable d'affronter les questions urgentes que la pandémie a fait émerger.

Ce virus provoque des blessures béantes : des morts, des familles sidérées, une jeunesse sans espoir, un désœuvrement latent, une perte totale de repères.

Au-delà de la crise sanitaire, nous sommes face à une crise socioculturelle sans précédent.

La suprématie de l'économie pousse les dirigeants à ne plus expliquer, enseigner, écouter, préférant obliger, contraindre, imposer.

C'est une maladie sociale. C'est un virus qui vient d'une économie malade.

C'est le résultat d'une croissance économique injuste, qui fait abstraction des valeurs humaines fondamentales.

Nous avons dépassé toutes les limites. Les conséquences sont graves et irréversibles : le changement climatique, les menaces qui pèsent sur la biodiversité

– destruction des forêts, élévation du niveau de la mer…

Folie de l'homme que de vouloir tout posséder, et de vouloir dominer la nature. L'homme ne peut pas se prévaloir de tout posséder au détriment des autres.

Il n'est pas possible de croiser les bras et d'attendre que le temps passe. Il est absurde de penser qu'à l'issue de la pandémie, la vie reprendra « comme avant », car la vie d'avant nous a conduit à ce que nous sommes en train de vivre en ce moment.

Qui peut souhaiter un tel projet ?

Nous ne pouvons pas sortir d'une telle crise identiques ; nous en sortirons meilleurs, ou pires.

Si les solutions sont l'égoïsme, l'individualisme, le manque de lien, la destruction de la famille, nous n'en sortirons pas vivants.

Pour en sortir meilleurs, il est indispensable que la solidarité soit à l'honneur. La solidarité est la clé de voûte.

Nous devons reconstruire sur un socle solide, fait de valeurs humanistes.

C'est un projet qui nous incombe à tous ; nous devons en prendre conscience individuellement et collectivement.

Nous devons avoir une politique qui met l'humain au premier plan. Nous devons avoir des principes éthiques. Nous devons prendre soin les uns des autres, ne pas laisser de côté les jeunes comme les plus faibles, les anciens, les malades. Et bien évidemment, nous devons prendre soin de la planète. Prendre soin, de pair, de l'homme et de la nature. Toutes les vies sont interconnectées.

Cette pandémie nous demande aussi de nous poser, de contempler, de réfléchir. Nous avons connu une course effrénée vers la quête absolue de la croissance économique, l'appât du gain en tirant profit de tout, jusqu'à la lie : de l'homme et de la Terre.

Il faut agir de l'intérieur : nous sommes tous acteurs, nous ne devons pas être des spectateurs passifs.

Si nous ne pensons qu'à exploiter la nature, nous oublions de contempler les personnes et nous finissons par exploiter l'homme en le traitant comme une chose ou un esclave.

Ne perdons pas de vue que la nature ne pardonne jamais.

Je ne peux plus supporter des phrases comme : « Pour moi, tout va bien ; je m'en sors très bien comme ça. » Toi peut-être, même sûrement, mais quel héritage vas-tu laisser aux générations futures ?

« Nous sommes tous responsables » a dit Hannah Arendt. Il faut en prendre conscience, nous devons assumer notre part de responsabilité. Aujourd'hui, nous ne pouvons plus taire nos convictions éthiques.

Nous devons tous nous écouter ; c'est aux personnes de la société civile de dire ce dont elles ont besoin. En aucun cas nous ne devons nous faire imposer des règles.

Ce ne sont pas les groupes financiers qui doivent nous imposer des ordres ; il faut écouter le peuple, ceux qui sont dans l'économie réelle.

« Fort avec les faibles, faible avec les forts. » Cet adage avait force de loi en politique avant mars 2020 ; depuis un an, il résume tout à fait la façon dont nous sommes méprisés.

Depuis le début de l'épidémie, on a cédé les pleins pouvoirs au *Big Pharma*, aux détriments des acteurs du monde sanitaire, impliqués dans les hôpitaux, les cliniques, les Ehpad.

Nous devons respecter l'autonomie et la capacité d'initiative. Nous devons tous être en communion, des plus jeunes aux plus âgés, des plus faibles aux plus forts.

Il faut renoncer aux Ehpad, qui sont aux mains de fonds d'investissement, les actionnaires se faisant de l'argent sur la désespérance des personnes.

Il faut repenser avec dignité les lieux de vie pour personnes âgées et ne plus les isoler.

Il faut imaginer de grandes bâtisses, des châteaux désaffectés qui seraient restaurés par des jeunes, des Compagnons.

Ces endroits devraient être des lieux de vie par excellence, associant enfants, adolescents, adultes, soignants.

L'unique solidarité doit être la participation de toute la société : tous les corps de métier, les familles, les collectifs, les associations, les démunis.

Nous devons être unis, tous ensemble, pour sortir de cette crise, sinon on ne s'en sortira jamais.

Soyons audacieux, voyons grand, rêvons !

Ne reconstruisons pas le passé : il est passé.

Le remède est la beauté, l'écoute, le respect, la dignité.

Que celui qui a beaucoup donne à celui qui a peu ou n'a rien.

Il ne faut pas croire que le vaccin va faire des miracles. Le vaccin ne soigne pas, nous ne cherchons pas à guérir la maladie, nous sommes toujours dans une exigence de satisfaction immédiate. On veut tout tout de suite, sans réflexion, sans discernement. Le corps parle au même titre que la nature parle.

Prenons le temps de comprendre, de prendre soin.

Le vaccin ne va pas panser nos blessures profondes, nos vulnérabilités physiques, sociales et spirituelles.

« Science sans conscience n'est que ruine de l'âme », a écrit François Rabelais dans son *Pantagruel* (1532).

Il faut retrouver les valeurs profondes. Ne vivons pas dans la peur.

Laissons place aux soins et à la générosité, au savoir, à la transmission des valeurs et de la vertu.

Et j'ose le dire et le crier : laissons place à l'amour !

En ce 26 mars 2021, je termine mon livre.

Mon éditrice, Muriel Beyer que je remercie grandement, m'a demandé de lui transmettre mon manuscrit ce jour.

Elle ignore que c'est ton anniversaire. Tu es né le 26 mars 1939.

Pour toujours, papa : MERCI et PARDON. Toujours dure longtemps.

Remerciements

À Jacqueline Draber, une mère exceptionnelle.
À Stanislas Draber, un frère rare.
À Clara et Anna Draber, des nièces aimantes.
À Cynthia Fleury, une savante au grand cœur.
À Marie de Hennezel, qui respecte les vivants et les morts.
Au docteur Patrick Pelloux, un ami d'une grande humanité.
Aux docteurs Catherine Lacroix et Yves Kanga, pour qui le soin et la bienveillance sont la priorité.
À Emmanuel Hirsch, pour son savoir, son éthique, son amitié.
À Muriel Beyer, une éditrice clairvoyante.
À Lize Veyrard, une éditrice bienveillante.

À Marie-Christine Lagandré, Thierry Draber, Martin Draber, Bruno Draber, Pierre Draber.
Clara Pirali, Olivia Stehlin, Micky Sebastian, Isabelle Copé-Bessis, Myriam Chambon, France Guénet, Catherine Frot, Dominique Monjanel, Christelle Chollet, Michael John Dolan, Delphine Font, Julie Grasset, Sabrina Sellami, Laurent Frémont, Stéphane Brizé, Sébastien Thiéry, François Berléand, Louis Chedid, Jean-Pierre Bouculat, Louis et Valérie Guillaume.

Composition et mise en pages
Nord Compo à Villeneuve-d'Ascq

CET OUVRAGE
A ÉTÉ ACHEVÉ D'IMPRIMER
SUR ROTO-PAGE
PAR L'IMPRIMERIE FLOCH
À MAYENNE EN MAI 2021

N° d'impression : 98398
Imprimé en France